康大
CONWARM®

30年初心不变
专注被服保暖材料

· 中国纺织行业"专精特新"中小企业
· 北京2022年冬奥会和冬残奥会工作人员、技术官员、
志愿者赛时制服及安保警服保暖絮片供应商

U0742412

多维蓄热
保暖絮片

纤维新视界
NEW FIBER / NEW WORLD
2022/2023
最佳
年度合纤纤维
江苏康大无纺有限公司

2022

江苏康大无纺有限公司
地址：江苏省仪征市胥浦工业区康大路278号
电话：86-0514-85810888 13905253738
邮箱：JSKDWF-01@YZKDHX.COM

BYHERB QINGDAO

CHINA QINGDAO
BYHERB

PRODUCTS 产品

在传统材料（棉、麻、毛、丝、黏、涤、腈、锦、塑料、皮革等）中加入生物活性分子进行改性，研发出百草薄荷、百草艾草、百草原茶、百草真橙、"百草一号"等一系列具有生物活性的大生物（生物功能）材料，引领了人类的健康生活和世界纺织材料的绿色革命。

RESEARCH 研发

公司拥有独立的研发团队，建设了一支由院士、研究员、教授、高级工程师等组成的高层次、权威的百人专家团队，提供强有力的技术支持。建设了行业领先的纤维研发实验基地，建有新品研发实验中心和分析测试中心。

COMPANY 公司

成立于2011年，是一家专注于大生物（生物功能）纤维的生物科技型企业，历经多年的生产研发实验，于2016年获得"国家高新技术企业"称号，已授权49项自主研发国家发明专利，16项国际（美国、欧洲、日本等）发明专利，31项国家级实用新型专利。主导参与制定20余项国家标准、行业标准、团体标准，引领着大生物纤维的应用与发展。

IDEA 理念

大生物材料新产品蕴含生物活性成分，把自然界生物活性分子移到材料中，把自然搬到身边，让人类能够在高楼汽车的物质文明中回归自然、享受自然，用生物能量保护人类，同时贯彻绿色健康的理念。

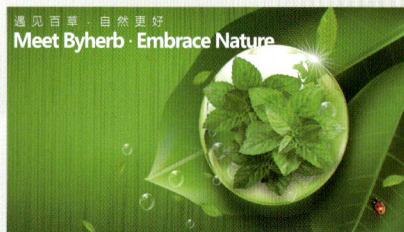

遇见百草·自然更好
Meet Byherb · Embrace Nature

青岛百草
官方公众号

百草经典
官方公众号

VIP LINE
0532 8585 0428   山东省青岛市市南区香港中路12号丰合广场B座611/www.by-herb.com
Room B611,Full hope Plaza,NO.12 Hong kong Middle Road,Qingdao.china

公司介绍

COMPANY PROFILE

　　石狮市瑞鹰纺织科技有限公司是一家集科研、生产、销售于一体的专业纺织印染助剂生产企业,所生产的产品覆盖纺织印染全过程,从前处理、染色印花、柔软处理到后整理(功能性),涵盖各系列。公司秉承"节能环保、专业创新、合作共赢"的经营理念,为客户提供优质解决方案与配套染料助剂。

　　公司先后荣获"专精特新"中小型企业、"中国十大纺织科技绿色先锋奖""中国诚信建设百强企业""全国质量服务诚信示范单位""全国重合同守信用信誉企业""全国十佳诚信经营示范单位""福建省级高新技术企业""国家级高新技术企业""中国印染行业协会环境保护技术专业委员会委员"等殊荣。公司的"棉及混纺针织物染色短工艺低成本流程"于2019年、2020年连续两年被列入第十三批和第十四批中国印染行业节能减排先进技术推荐目录,并荣获中国纺织工业联合会科技成果优秀奖。迄今为止,公司已申报国家发明专利和实用新型专利共35项。2021年正式成为蓝标(bluesign)合作伙伴。

　　目前主打棉印染、针织印染、化纤印染、梭织印染、涂层产品、日化用品,年产量超3万吨。为持续提升公司产品研发能力及确保行业竞争优势,公司先后与西安工程大学、东华大学、五邑大学等多所高校建立校企科研合作关系。2021年成立瑞鹰云课堂公益直播。

　　经过数年耕耘,公司在国内的客户遍及福建、江苏、浙江、广东、江西、河北、湖北、山东等省,国外涵盖东盟及欧美等地区,所有客户均为优秀印染企业和品牌服装企业。公司先进产品和技术将给客户带来稳定、可靠、满意的加工效果,节能减排所创造的社会效益和经济效益更令客户的综合成本和产品的安全性极具市场竞争力。未来,瑞鹰满怀信心,让我们与客户携手并进,合作共赢!

石狮市瑞鹰纺织科技有限公司(生产工厂)
展鹰(福建)新材料研发中心有限公司(研发中心)
瑞鹰(中国)科技新材料发展有限公司(公司总部)
国内服务热线:4008-658-685

工厂地址:福建省泉州市石狮市锦尚镇集控区32号
营销中心:福建省石狮市海峡两岸科技孵化基地
传真:86-595-88803893
网址:www.jx-ry.com

瑞鹰科技 官方公众号　瑞鹰科技 官方视频号

纺织行业智能质检领航者

锴铨智能简介 ◄

上海锴铨智能科技有限公司，专注于人工智能质检行业应用，主要提供纺织品的瑕疵智能检测和平面材料的人工智能质检，为企业提供全流程智能质检解决方案。

作为国家高新技术企业和纺织行业"专精特新"企业，锴铨智能以推动纺织行业智能制造为己任，以"AIQC 智能质检"为主要理念，以人工智能视觉产品与智能机器人为主要研发方向，研发适合纺织行业使用的人工智能产品，推动行业质检方式的提升，致力于提升纺织行业质检环节的智能化、标准化、数据化及效率化，是纺织行业智能质检的领航者。

锴铨智能深耕行业，坚持研发投入，围绕客户需求持续创新，打造全场景、多领域的人工智能应用系统。公司研发的 AIQC 晓布智能质检机器人和 AIQC 智能质检系统，拥有自主知识产权，4 项发明专利和 8 项软件著作权，研发的多工业相机同步系统和高精度色差检测系统，领先同行。目前，锴铨智能已与行业头部企业合作，得到了雅戈尔、爱慕、百度、波司登、王牌等品牌商的认可。2020 年，锴铨智能获评上海市"国家高新技术企业"和百度智能云解决方案合作伙伴。

未来，锴铨智能将持续投入研发及市场销售推广，快速迭代产品和商业模式，完成系列产品开发和业务板块建设，完成基于智能质检质量信息的纺织品云平台的基础建设，实现智能质检中心和智能产品销售中心的突破，构筑行业模版，建设行业新标杆和新标准，实现对传统质检的颠覆，积极占领市场，确立行业龙头地位。

上海锴铨智能科技有限公司
SHANGHAI KAIQUAN INTELLIGENT TECHNOLOGY CO., LTD.

电话：021- 34200185　　邮箱：188015891@qq.com
地址：上海市闵行区新龙路 1333 号虹桥云 16 幢 507 室

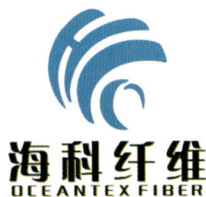

江苏海科纤维有限公司

江苏海科纤维有限公司成立于 2018 年 8 月，位于"杉荷景秀"的荷都金湖，建设有两条 PET 高净度瓶片及再生差别化涤纶短纤生产线。

公司配置了先进的成套自动化生产设备，运用多项先进的生产技术，致力于提供更好的纤维新材料，其中核心产品"海科云绒"以其"轻柔如羽，爽滑如丝，洁白如云，温暖如绒"的优良特性成为 2022 年北京冬奥会吉祥物"冰墩墩"的填充物。

公司坚持创新发展、绩效管理，通过了 ISO9001 质量管理体系、ISO14000 环境管理体系、OHSAS18001 职业健康安全管理体系、ISO27001 信息安全管理体系、GB/T29490—2013 知识产权管理体系以及能源管理体系认证，通过了出口企业 GRS 认证。公司坚持以客户满意为目标，不断开发新品种，竭尽全力为客户提供优质的纤维解决方案。

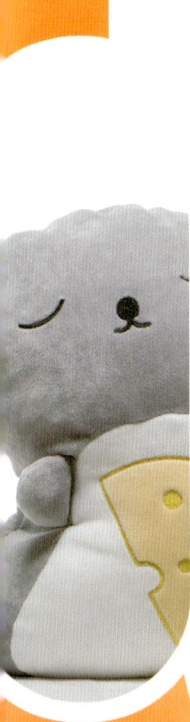

海科精神

感恩 同创 共享

海科使命

为客户提供更优质的纤维解决方案

海科愿景

海科云绒——温暖全世界

● 地址：中国江苏金湖经济开发区金荷路 369 号 ● 电话：0517-89700508

纺织行业"专精特新"发展报告

（2022）

中国纺织工业联合会行业发展部
《中国纺织》杂志社　编写

中国纺织出版社有限公司

内 容 提 要

本书通过分析纺织行业专精特新中小企业的发展现状，向读者全面展示了纺织行业专精特新发展环境，探析了在新环境下纺织行业中小企业的机遇与挑战，揭示了专精特新发展的重要意义，提出了"十四五"时期专精特新中小企业发展的主要路径和政策建议。

本书通过典型案例，重点分析了纺织行业中小企业如何走好专业化、精细化、特色化、新颖化之路，如何提高企业的核心竞争力，给纺织行业中小企业的转型升级提供了可借鉴的发展思路。本书对集群市场、地方政府等推进专精特新中小企业发展具有十分重要的启示作用。

图书在版编目（CIP）数据

纺织行业"专精特新"发展报告 . 2022 ／ 中国纺织工业联合会行业发展部，《中国纺织》杂志社编写 . -- 北京：中国纺织出版社有限公司，2023.5

ISBN 978-7-5229-0565-5

Ⅰ . ①纺… Ⅱ . ①中… ②中… Ⅲ . ①纺织工业—产业发展—研究报告—中国— 2022 Ⅳ . ①F426. 81

中国国家版本馆 CIP 数据核字（2023）第 077017 号

责任编辑：孔会云 特约编辑：蒋慧敏
责任校对：王蕙莹 责任印制：王艳丽

中国纺织出版社有限公司出版发行
地址：北京市朝阳区百子湾东里 A407 号楼 邮政编码：100124
销售电话：010—67004422 传真：010—87155801
http://www.c-textilep.com
中国纺织出版社天猫旗舰店
官方微博 http://weibo.com/2119887771
三河市宏盛印务有限公司印刷 各地新华书店经销
2023 年 5 月第 1 版第 1 次印刷
开本：787×1092 1/16 印张：11
字数：226 千字 定价：198.00 元
京朝工商广字第 8172 号

《纺织行业"专精特新"发展报告（2022）》
编委会

序

改革开放 40 多年来，我国经济持续发展的同时，中小企业也在飞速成长，逐步成为国民经济和社会发展的"生力军"。在激烈的市场竞争中涌现出一大批专精特新中小企业（具有"专业化、精细化、特色化、新颖化"特征的中小企业），为推进产业基础高级化、产业链现代化，增强产业竞争优势，构建新发展格局提供了有力支撑，也成为未来推动形成更强创新力、更高附加值、更安全可控的产业链的重要力量。

习近平总书记要求："着力在推动企业创新上下功夫，加强产权保护，激发涌现更多专精特新中小企业。"党的二十大报告也明确指出"支持专精特新企业发展"，中小企业专精特新发展已上升为国家经济发展的重大战略。

纺织行业中小企业的数量在行业中具有绝对的主体地位，占比达到 99.8%，分布于全产业链的上中下游，对扩大就业和保障民生发挥着基础性作用，也对促进创业创新、构建纺织现代化产业体系、增强产业链韧性和安全具有非常重要的意义，为行业发展和社会经济发展做出了巨大贡献。

中国纺织工业联合会高度重视引导中小企业走专精特新发展道路，努力推动行业中小企业实现高质量发展。自 2020 年纺织行业专精特新中小企业培育入库工作启动以来，共有三批 270 家企业入选纺织行业专精特新中小企业。一大批企业成为省级专精特新企业和国家专精特新"小巨人"企业。这些企业都具有很强的创新能力和创造活力，是行业中小企业中的优秀代表。

引导单项冠军、领航企业、专精特新、"小巨人"等领先企业发展是《纺织行业"十四五"发展纲要》提出的重点任务。希望广大中小企业坚持走专精特新发展道路，围绕纺织行业"科技、时尚、绿色"高质量发展要求，加强技术创新投入，持续巩固、扩大技术和产品优势；不断深化大中小企业融通创新、供应链协同创新，积极推动生产组织创新、技术创新、市场创新，有效调动科技人员的创造活力；大力弘扬企业家精神，培养富有创新精神、冒险精神、专业精神和国际化视野的优秀企业家队伍；加快发展数字化管理、智能化生产、网络化协同、个性化定制、服务型制造等新技术、新产品、新业态、新模式，推进数字化转型。希望专精特新中小企业都能成为行业创新的重要发源地，助力行业高质量发展，在建设中国式现代化的新征程上做出纺织行业新的更大贡献。

夏令敏

2023 年 1 月

目　录

附　录

第一部分

综述篇

纺织行业专精特新中小企业发展情况

赵志鹏　郭宏钧

中国纺织规划研究会　中国纺织建设规划院

一、纺织行业总体概况

我国纺织工业是国民经济与社会发展的支柱产业、解决民生与美化生活的基础产业、国际合作与融合发展的优势产业，具有较强的产业链整体竞争力。

纺织行业对促进就业发挥着重要的民生保障作用。纺织行业就业人数占制造业的比重达 10% 以上；根据第四次经济普查数据，在第二、第三产业的全部大类行业中，女性就业占比超过 50% 的有 13 个行业，其中纺织服装、服饰业女性就业比重为 69.4%，居第一位，纺织业女性就业比重为 59.3%，居第 6 位（图1）。

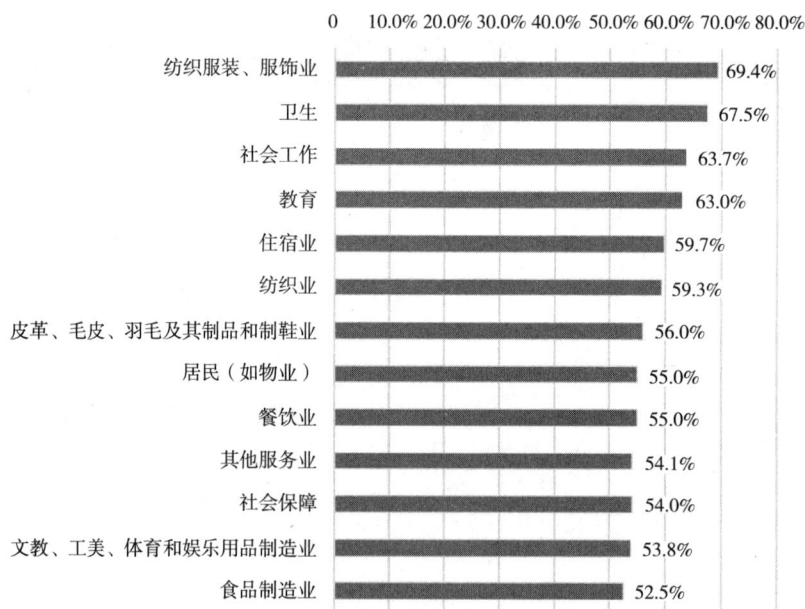

图1　女性就业占比超过50%的行业大类

资料来源：中国经济普查年鉴（2018）

纺织行业是创业富民、繁荣区域经济社会的重要产业。全国百强县域经济中多数是以纺织为主业发展起来的。县乡镇是纺织产业集群的主要载体。在 2022 年全国百强县，十强中 8 个以纺织为特色产业；43 个 GDP 过千亿县，绝大多数都将纺织服装产业作为支柱产业。目前，中国纺织联合会在全国试点的纺织产业集群有 210 个，覆盖企业总户数超过 20 万户，其中规模以上企业 1.6 万户[1]。我国 70% 的纺、织、染、绣、印和民族服饰等非遗项目资源集中在西部少数民族和经济欠发达地区，纺织非物质文化遗产的传承创新和发展，成为这些地区的特色产业。

纺织行业深入参与全球化分工合作，高水平发展开放型经济。从全球看，我国拥有世界最为完善的纺织产业体系，纺织纤维加工量占全球 50% 以上，化纤产量占全球 70% 以上；我国是世界最大的纺织生产国和出口国，出口占全球份额 1/3。我国纺织行业从"产品走出去"向"产能走出去""品牌走出去""资本走出去"加快迈进，开放合作的足迹遍布世界各地。行业积极融入"一带一路"建设，有效带动了东南亚、非洲等区域的产业发展。

纺织行业不断融合先进生产力，持续推进产业升级和高质量发展。伴随每一次新技术的出现，给纺织服装业注入了新生产要素，改变了原有的生产方式，新生产方式必然带来新生产力，促进了劳动生产率提高。对比第三次和第四次经济普查数据，2008~2018 年，纺织行业企业数量增长 79%，资产总规模扩大 95%，户均资产规模扩大 9%，人均资产扩大 164%。自动化、数字化、智能化装备和技术加速在行业中推广应用，高端智能化装备的市场占有率和国际竞争力持续增强。碳纤维、芳纶和超高分子聚乙烯三大品种产量占全球的 1/3，是全球范围内高性能纤维生产品种覆盖面最广的国家。产业用纺织品已被广泛应用于基础设施、医疗卫生、环境保护、交通运输、航空航天、新能源等领域，是纺织工业结构调整与转型升级的重要方向和战略性新兴产业的重要组成。面向未来，纺织行业将继续贯彻落实新发展理念，围绕纺织工业"科技、时尚、绿色"的行业定位，推进供给侧结构性改革，实现高质量发展，建设更高水平的纺织强国。

二、纺织行业专精特新中小企业服务工作开展情况

《纺织行业"十四五"发展纲要》提出，引导单项冠军、领航企业、专精特新、"小巨人"等领先企业发展被列为"十四五"的重点任务之一。纺织工业产业链长，拥有庞大的产业体系，贯通一二三产业，中小企业的数量在纺织行业和产业集群中更是具有绝对的主体地位，不但对扩大就业和民生保障发挥着基础性作用，也对促进创业创新、构建现代化纺织产业经济体系、增强产业链供应链韧性和安全都具有非常重要的意义。为贯彻落实中央促进中小企业专精特新发展精神，更好地服务行业中小企业，推动行业中小企业高质量发展，提高企业专业化能力和水平，增强核心竞争力，中国纺织工业联合会在行业内开展了专精特新中小企业培育和服务工作。按照"持续、系统、深入、精准"的总体要求，针对行业专精特新中小企业发展需要，协同行业内外优质资源，积极开展调查研究、宣传发布、专项论坛、交流对接、专业展会、金融服务、供应链、大中小企融通发展、咨询等服务，逐步形成具有针对性、系统性的专精特新中小企业服务体系。

2019 年前期准备和调研，2020 年完成了第一批纺织行业专精特新中小企业培育入库工作以来，目前共有三批 270 家企业入选纺织行业专精特新中小企业。这些企业都具有较强的创新能力和创造活力，是行业中小企业中的优秀代表。它们专注核心业务，产品精细化，装备水平优于同行业一般水平，具有较规范的生产管理体系，拥有特色化的产品、技术、工艺、配方等，坚持持续创新，产生较好的创新示范效果。纺织行业专精特新中小企业发展大会、新材料新技术推广等活动的开展促进了相关企业、机构的交流，促进了产业链供应链创新链的对接合作。《"十四五"纺织行业中小企业专精特新发展行动方案》提出了"十四五"时期，通过重点推进创新引领行动、质量与品牌行动、数字化转型行动等七大行动（图 2），使纺织行业中小企业专精特新发展理念成为广泛共识和行动先导，大中小企业融通创新、供应链协同创新能力显著增强，产业链供应链现代化水平进一步提高，一大批创新型中小微企业成长为创新重要发源地，形成基本完善的行业中小企业专精特新发展服务体系。结合行动方案，多方征求企业意见，编制和发布了纺织行业专精特新中小企业服务手册。随着各项工作的深入开展，越来越多行业中小企业把专精特新作为提升竞争力、实现可持续发展的核心理念，专精特新发展成为行业广大中小企业的共识，行业影响力逐步提高。

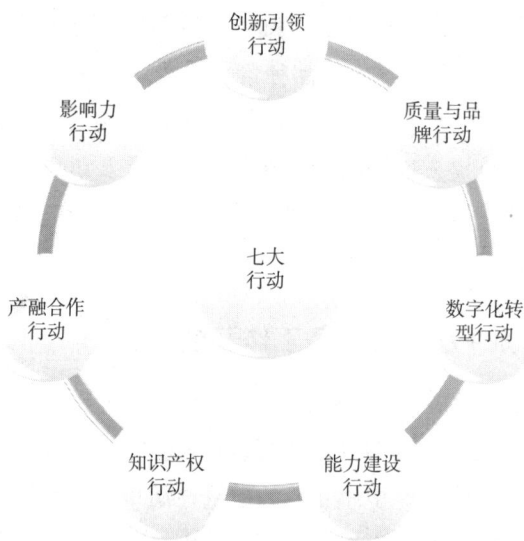

图 2 推动和服务纺织行业中小企业专精特新发展的七大行动

三、纺织行业专精特新企业区域和行业分布

第一、第二、第三批 270 家纺织行业专精特新中小企业的行业领域分布和区域分布上具有一定的代表性。从企业从事的行业或领域的分布来看，涵盖了从化纤到服装、家纺、产业用纺织品、纺织机械整个纺织产业链的所有子行业，以及行业数字化智能化服务、设

计服务、节能环保等领域，也反映了整个纺织行业产业生态。其中品牌或科技型服装服饰企业、纺织机械和关键零部件企业、化纤新材料企业、产业用纺织品企业等数量较多，共计占比达到55.9%（图3）。

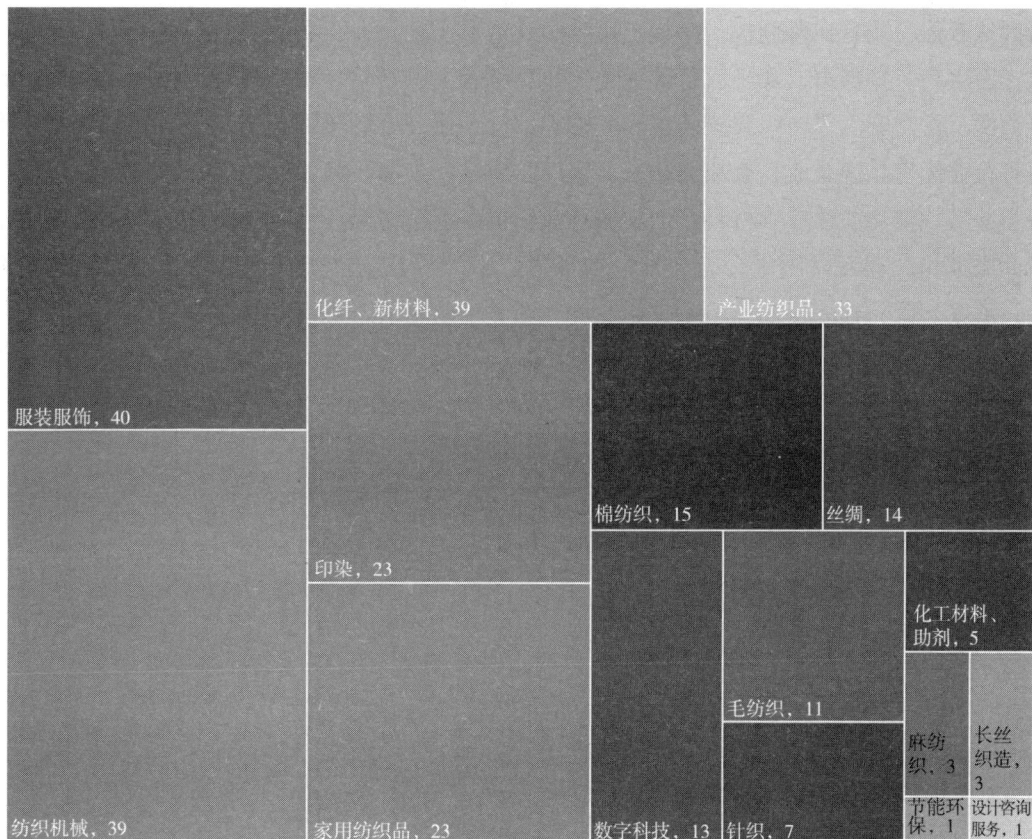

图3 纺织行业专精特新中小企业行业领域分布

从区域分布情况来看，涉及全国25个省（自治区、直辖市），其中江苏、浙江、山东等省作为我国纺织大省，其专精特新企业的数量也较多，三省共计157家企业，占比58.1%。

再从各区域内部结构来看，企业从事的行业领域也基本反映了各地区重点产业的分布情况。如江苏省的企业中，纺织机械和关键零部件领域的企业15家、化纤新材料企业12家，分别占了本省企业数量的20%和16%，此外毛纺织企业、家用纺织品企业和产业用纺织品企业数量也较多。浙江省的企业中，印染面料企业、化纤新材料企业、丝绸企业、数字科技类企业是数量较多的行业领域。

此外，工业和信息化部目前已经完成认定了4批专精特新"小巨人"企业，根据相关资料整理，有167家纺织相关企业入选。浙江省、江苏省、山东省、福建省、安徽省、上海市等地区入选企业数量位居前列，占比超过1/3。浙江省以38家位居第一，江苏省和山东省分别为 24 家和 20 家，位居第二和第三。

四、纺织行业专精特新企业及其产品特色

总体来看，纺织行业专精特新企业质量普遍较高，特色优势突出，创新能力和盈利能力都比较强，既有在科创板、主板上市公司（或其子公司）的聚杰微纤、圣瑞思、元琛环保、万事利、嘉麟杰、森马教育等优秀企业，也有上工富怡、赛特环球、河南二纺机、福建佰源、常州宏大等纺织智能装备和关键零部件企业，有顺美、比音勒芬、达利丝绸、雅鹿等行业优秀品牌企业，有威海拓展、宇田、恩沣、丰原、凯泰、美欣达、赛隆、海天等各类新型特种功能性纤维材料、面辅料企业，也有围绕纺织产业链各环节的数字化智能化专业服务和产业互联网平台类企业，如环思、锴铨科技、佛山技研智联、凌迪、逸尚创展、浙江云橙、找纱科技等。不少企业还入选了工业和信息化部专精特新"小巨人"企业（图 4、图 5）。

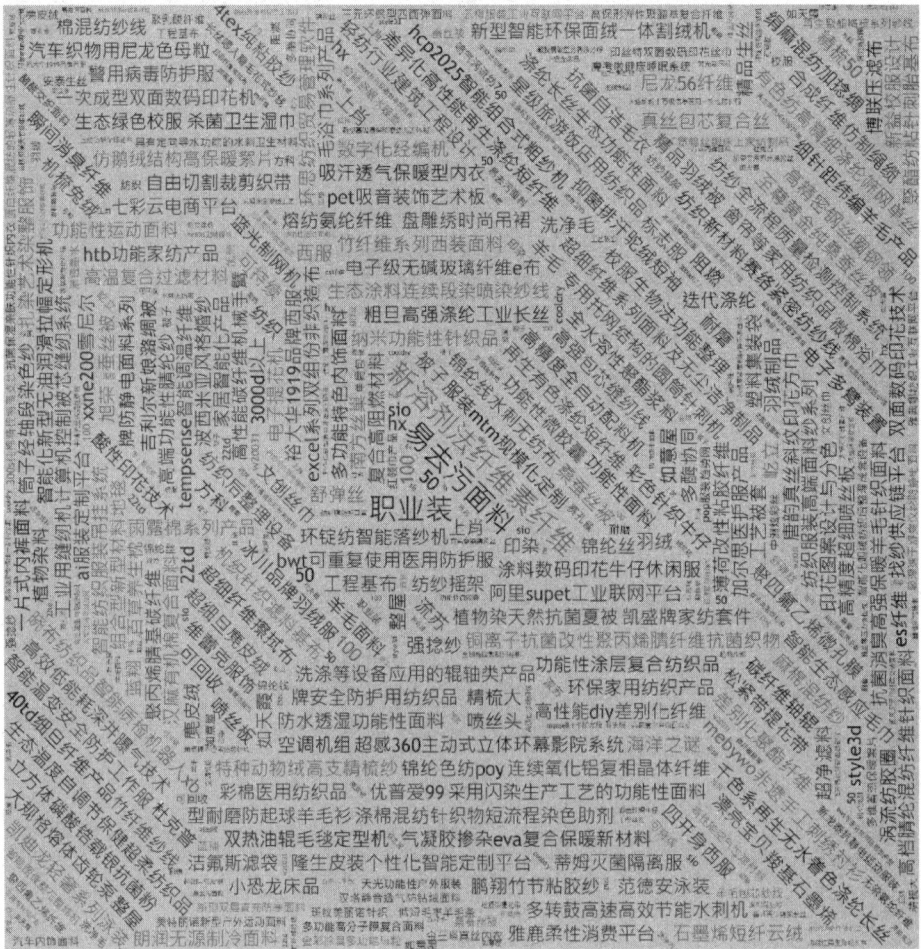

图 4　纺织行业专精特新企业特色产品名称分布

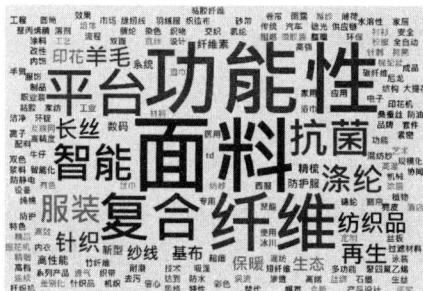

图 5　纺织行业专精特新企业特色产品词云图

　　企业的特色优势产品体现了企业专注深耕细分领域，做精做优，成为细分领域的佼佼者。另外，特色产品在功能性、复合、智能、再生等方面具有较高的分布，这些领域也是当前产业升级、消费升级的重要方向，拥有众多细分赛道。

五、纺织行业专精特新企业成立年限分布

　　企业成长过程往往是一个九死一生的经历，有数据显示，我国中小企业死亡率非常高，存活 5 年以上的企业不到 7%，10 年以上的企业不到 2%，平均寿命只有 2.5 年[2]。专精特新企业能够在激烈的市场竞争中脱颖而出，凭借的就是专精特新，正是专注与创新的力量支持了企业的成长。汇总分析纺织行业专精特新企业，截至 2022 年，企业平均年龄为 15.4 年，年龄中位数为 15 年，其中成立年限 7～22 年的企业数量占 2/3 左右。这些企业中，有科技型初创企业，也有数十年扎根在细分领域的企业。有一家纺机专件企业成立几十年来，历经了改制、市场波动等各种变化，一直保持着每年都盈利的记录。工业和信息化部认定的专精特新"小巨人"企业中纺织相关小巨人企业成立年限的平均值为15.3 年，与纺织行业专精特新企业的情况一致（图6）。

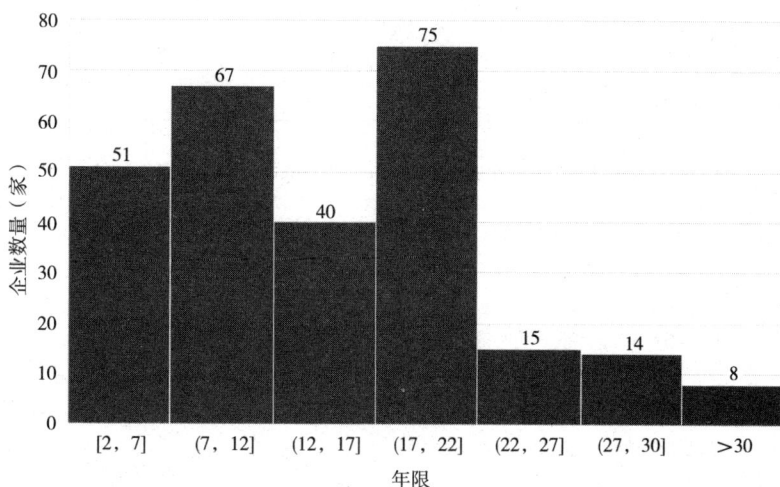

图 6　纺织行业专精特新企业成立年限分布

六、纺织行业专精特新企业运行质量

270家企业从业人员总计7.6万人，年销售收入总计760亿元，人均销售收入约100万元，高于行业平均水平。近年来，平均利润率保持在6%~8%。2020年以来受新冠肺炎疫情等影响，利润率有所下降，2021年平均利润率为6.1%。尽管备受压力，专精特新企业在发展中体现出了一定的韧性和抗压能力。以新冠肺炎疫情前的2019年为例，纺织行业专精特新企业户均就业人数284人，其中户均研发设计人员41人，占比为14.4%，户均销售收入2.8亿元，户均销售利润2079万元，销售利润率为7.4%，户均设计研发投入968万元，户均信息化投入172万元（表1）。

表1 纺织行业专精特新企业主要经济指标（2019年）

项目	合计	平均	中位数
员工总数（人）	75543	284	183
研发设计人员数（人）	10834	41	27
总销售收入（万元）	7463157	28057	12986
销售利润（万元）	552965	2079	444
设计研发投入（万元）	252569	968	545
信息化投入（万元）	40479	172	45

七、纺织行业专精特新企业的创新发展

作为专精特新企业的重要特点，人才、设计研发和信息化建设是他们的核心竞争力，企业在这些方面持续高强度地投入。近年来，纺织行业专精特新企业设计研发人员占比由2017年的11.8%提高到2021年的15.7%，设计研发投入强度保持在3%~4%，信息化投入强度保持在0.5%~0.8%。设计研发人员占比和设计研发投入强度都远高于制造业和纺织行业平均水平（表2）。

表2 纺织行业专精特新企业研发设计和信息化平均指标

项目	2017年	2018年	2019年	2020年	2021年
研发设计人员占比（%）	11.8	13.5	14.4	15.5	15.7
设计研发投入强度（%）	4.1	4.0	3.4	4.2	3.3
信息化投入强度（%）	0.6	0.6	0.6	0.8	0.5

注 该表数据是每年的平均值，年度之间企业数量不同。

纺织行业专精特新企业，无论是成立已经十几年、几十年的企业，还是只有几年的企

业，在创新发展方面的经验和做法都凸显了专精特新的内涵。对这些企业创新发展的主要经验和做法的总结材料进行词云图分析，产品、研发、技术是最高频的用语，企业围绕自身的核心特色产品，以研发和技术为核心能力和基础保障，不断构建企业专精特新发展的系统能力和产品生态（图7）。

图7 纺织行业专精特新企业创新发展的主要经验和做法词云图

河南二纺机50余年专注于棉纺锭子研发和设计，拥有锭子的核心技术和人力资源优势。公司坚持以客户为中心，深入客户一线，发现、了解客户的想法和需求，解决客户痛点。市场占有率达到40%以上，连续20余年锭子产品销量位居同行业第一，我国百强纺织企业70%以上使用该公司的锭子产品。万事利作为一家以丝绸文化创意为主导产业的现代新时尚产业集团，秉承"让世界爱上中国丝绸"的企业使命，以创意创新赋能激活传统产业，走出了一条"传统丝绸+移动互联+文化创意+高科技＝丝绸经典产业"的转型升级"新丝路"[3]。公司每年研发费用均占企业销售收入的5%左右。宁波圣瑞思是科创板上市公司瑞晟智能全资子公司，专注于工业生产中的智能物料传送、仓储、分拣系统的研发、生产及销售，一直深耕服装、家纺等缝制行业，与诸多国内外知名服装、家纺品牌商建立了长期稳定的合作关系，是细分行业主要市场的引领者。浙江凌迪以时尚产业链3D数字化服务平台style3D赋能服装行业企业数字化转型，助力时尚产业链从原来单一、线性的协同交互模式升级为基于3D设计和虚拟仿真技术全链路研发数字化。锴铨科技以人工智能视觉科技产品与智能机器人为主要研发方向，以"AIQC智能质检"概念推广为主要宗旨，公司自主研发的晓布纺织品智能质检机器人，基于机器视觉算法，高精度多摄像头疵点捕捉系统和人工智能深度学习，实现纺织品智能质检。纺织行业专精特新企业也在围绕核心产品和技术，积极推动、参与产业链供应链协同创新和大中小企业融通创新，北京宇田以相变调温材料、富之岛美安以聚乳酸纤维绿色材料一方面与行业龙头骨干企业、终端品牌企业深入合作，应用新材料开发新产品、新场景，另一方面，协同产业链上中下游企业，以市场为导向打造新材料产业链创新链价值链。

知识产权是专精特新企业的生命线。第一、第二、第三批纺织行业专精特新企业中，94.1%的企业都拥有专利，85.6%的企业拥有发明专利。分析企业处于授权或公开、实质审查状态的专利信息，发明专利、实用新型和外观专利占比分别为34%、57%和9%。拥有专利的企业户均专利数量42项，拥有发明专利的企业户均发明专利数量16项。32家企业均拥有30余项发明专利，其中3家企业均拥有100余项发明专利（图8）。

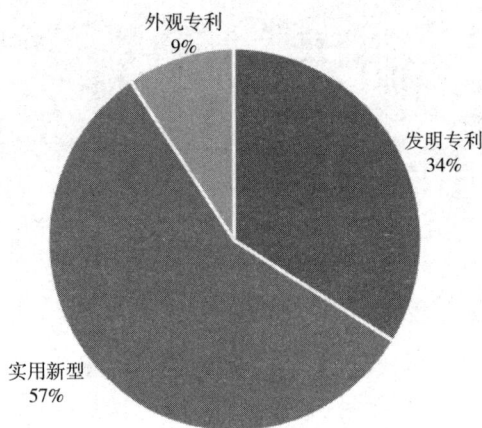

图8　纺织行业专精特新企业专利类型分布

纺织行业专精特新企业的知识产权布局主要集中在行业基础、关键、核心领域。对企业专利的信息进行分析可以看到，在纤维材料、关键设备和零部件装置、制备工艺或技术、面料等方面具有比较高的集中度（图9）。

图9　纺织行业专精特新企业专利摘要词云图

参考文献

[1] 孙瑞哲.非凡十年书写盛世华章,纺织行业高质量发展为江山披锦绣[EB/OL].
[2022-10-10].

[2] 正和岛.德国一些乡镇小企业,为什么这么牛?[EB/OL].[2022-10-23].

[3] 梁莉萍,易芳.万事利集团屠红燕:传统丝绸走出华丽"新丝路"[J].中国纺织,
2022(Z3):110-111.

专精特新推进纺织行业中小企业高质量发展

郭宏钧　赵志鹏

中国纺织建设规划院　中国纺织规划研究会

一、中小企业在经济社会中的重要地位

中小企业是国民经济和社会发展的生力军，是建设现代化经济体系、推动经济实现高质量发展的重要基础，是扩大就业、改善民生的重要支撑，是促进创业创新、保持创造活力和发展韧性的重要力量。现行的中小企业划型标准是 2011 年由工业和信息化部（简称工信部）、国家统计局、国家发展和改革委员会（简称国家发展改革委）、财政部联合发布的《中小企业划型标准规定》（工信部联企业〔2011〕300 号）。按照该规定，中小企业划分为中型、小型、微型三种类型，根据企业从业人员、营业收入、资产总额等指标结合行业特点制定，其中工业领域的标准是从业人员 1000 人以下或营业收入 40000 万元以下的为中小微型企业。

截至 2021 年末，全国中小微企业数量达 4800 万户，比 2012 年末增长 2.7 倍[1]。根据第四次经济普查数据，我国拥有各类企业法人单位数量为 18234939 个，其中制造业企业法人单位数量为 3251331 个，中小微企业数量占比都在 99.8%左右。在企业法人单位从业人员数量总计 2.95 亿人，其中制造业从业人员数量为 1.04 亿人，中小微企业的从业人员数量占比都在 79%左右。在纺织行业，中小微企业的数量更是具有绝对的主体地位，企业单位数、资产、营业收入、从业人员数量分别占了全行业的 99.8%、76.3%、78.7%和 86.8%，资产规模、营业收入和从业人员数量的比例都明显高于制造业整体水平（表 1）。

表 1　纺织行业按企业规模分类的主要经济指标占比情况

行业	企业类型	企业单位数	资产	负债	营业收入	从业人员
纺织行业	大型企业	0.2%	23.7%	22.5%	21.3%	13.2%
	中型企业	1.5%	21.6%	21.2%	22.9%	23.6%
	小微企业	98.4%	54.7%	56.3%	55.8%	63.3%
	中小微企业合计	99.8%	76.3%	77.5%	78.7%	86.8%
	规模以上企业	10.5%	74.5%	73.7%	79.9%	64.5%

续表

行业	企业类型	企业单位数	资产	负债	营业收入	从业人员
制造业	大型企业	0.2%	38.9%	39.9%	37.7%	21.8%
	中型企业	1.2%	20.1%	20.0%	20.5%	20.4%
	小微企业	98.5%	41.0%	40.1%	41.8%	57.8%
	中小微企业合计	99.8%	61.1%	60.1%	62.3%	78.2%
	规模以上企业	10.8%	82.8%	83.6%	88.8%	71.7%

注 纺织行业包括国民经济行业分类中的纺织业（C17），纺织服装、服饰业（C18）和化学纤维制造业（C28）。

资料来源：中国经济普查年鉴（2018）

二、中小企业专精特新发展提法的演变

中小企业好，中国经济才会好，行业发展也才会好。党中央国务院始终高度重视中小企业的健康发展。中小企业量大面广，涉及千家万户，遍布城市乡村，可以说我们几乎每个人都与中小企业有关联。中小企业构成了经济社会发展的基石，中小企业创造力和发展活力是经济社会活力重要源泉，中小企业的稳健、可持续成长才能造就卓越的、伟大的企业。长期以来，世界各国对促进中小企业成长和优化发展环境都非常重视。改革开放后在20世纪80年代，我国专门成立了中小企业管理和服务机构。中小企业由于规模小，资源和能力有限，其经营管理和发展路径与大企业不同。中小企业要专精特新发展的提法，经历了一个逐步演变的过程。一直以来，对中小企业经营发展思路上，虽然用的表达方式或词汇不同，但普遍的观点认为，中小企业要想在激烈的市场竞争中生存发展，要发挥自己的特色，要聚焦，"窄而深"，在细分领域（利基市场）上深耕等。20世纪90年代中后期，随着我国确定建立社会主义市场经济体制，中国的改革开放扬起新的风帆。针对国有中小企业改革提出要"抓大放小"，采取多种形式放开搞活小企业。企业要走质量效益型发展道路，推动结构调整，选择自己的比较优势，在专、精、特、新上下功夫，有自己的"一招鲜"[2]。1998年，国家经济贸易委员会在《求是》杂志发表文章指出："加强对小企业的支持和服务，引导小企业在'专、精、特、新'上下功夫，按照专业化分工的原则，为大企业搞好配套服务，以大带小，以小促大，实现共同发展。"[3] 1999年，《中共中央关于国有企业改革和发展若干重大问题的决定》明确提出："放开搞活国有中小企业。要积极扶持中小企业特别是科技型企业，使它们向'专、精、特、新'的方向发展，同大企业建立密切的协作关系，提高生产的社会化水平。……重视发挥各种所有制中小企业在活跃城乡经济、满足社会多方面需要、吸收劳动力就业、开发新产品、促进国民经济发展等方面的重要作用。培育中小企业服务体系，为中小企业提供信息咨询、市场开拓、筹资融资、贷款担保、技术支持、人才培训等服务。"

"十二五"以来，国务院、工业和信息化部等相继出台了一系列政策和发展规划，促进中小企业专精特新发展的政策、规划等进入了更加系统推进的时期。2013 年，《工业和信息化部关于促进中小企业专精特新发展的指导意见》对促进专精特新发展的思路、目标、任务和措施做出了全面部署，各地逐步加强专精特新中小企业培育和认定工作。近年来，我国经济进入高质量发展的新时代，中央出台一系列相关文件支持中小企业走专精特新发展之路，促进中小企业专精特新发展氛围日益浓厚，法律法规、政策和服务支撑体系日臻完善，优质企业梯度培育格局逐步形成。专精特新成为社会各界普遍关注的"热词"，影响力显著提升。

《"十四五"促进中小企业发展规划》提出，"十四五"期间，要推动形成 100 万家创新型中小企业、10 万家专精特新中小企业、1 万家专精特新"小巨人"企业。培育 200 个中小企业特色产业集群和 10 个中外中小企业合作区，大中小企业融通创新、产学研协同创新向纵深发展，中小企业创新生态不断完善。目前我国已培育 8997 家专精特新"小巨人"企业，5 万多家专精特新企业，中小企业创新力、竞争力、专业化水平大幅提升。从专精特新"小巨人"的区域分布来看，东部地区占比约 60%，中部地区占比约 23%，西部地区占比 13%，东北地区占比约 4%，与工业增加值全国分布基本保持一致[4]。北京证券交易所作为资本市场服务创新型中小企业的专业化平台，截至 2022 年 9 月 7 日，北交所上市公司中有 40 家专精特新"小巨人"企业，占比超三成[5]。

三、纺织行业专精特新中小企业发展面临的环境

（一）外部环境的高度不确定性挑战严峻

2008 年金融危机以来，全球经济和贸易增长发生了大的转变，全球生产率增速回落至 1%，出生率下降开始抑制劳动年龄人口（16～64 岁）的增长，劳动年龄人口增速已从 1.5%降至约 1%。2010 年代的全球经济年均增速仅仅略高于 2.5%，是第二次世界大战后增速最慢的十年。主要影响因素可以归纳为四个 D，即人口减少（depopulation）、生产率放缓（declining productivity）、逆全球化（deglobalisation）和债务（debt）[6]。

2020 年以来，国际形势严峻复杂，巨大风险挑战接踵而至，全球经济活动普遍放缓且比预期更为严重，未来十年全球经济增长可能比上个十年更慢。

根据 IMF2022 年 10 月《世界经济展望》预测，全球经济增长率预计将从 2021 年的 6.0%下降至 2022 年的 3.2%和 2023 年的 2.7%，这样的增长率将是 20 年来最疲弱的增长（不包括金融危机和新冠疫情最严重的阶段）。全球通胀预计将从 2021 年的 4.7%上升到 2022 年的 8.8%，2023 年和 2024 年将分别降至 6.5%和 4.1%❶。而根据 WTO2022 年 10 月初发布的预测估计，按市场汇率计算，2022 年世界 GDP 将增长 2.8%，2023 年将增长

---

❶ IMF. 世界经济展望。

2.3%，后者比先前的预测低 1.0 个百分点❶。

在全球化时代，世界经济与国际贸易的增长紧密关联。1970～2020 年，按现价计算，世界 GDP 和世界出口额分别增长 23.9 倍和 57.6 倍，按 2015 年不变价格计算，世界 GDP 和世界出口额分别增长 3.5 倍和 10.7 倍（图 1）。世界贸易额的增速通常是 GPD 增速的 2～3 倍，近年来，二者已基本相同，贸易额增速的波动幅度往往大于 GDP 增速的波动幅度。当前世界经济的普遍低迷与挑战，也必然对全球贸易增长带来普遍的压力和挑战。世贸组织经济学家预测，2022 年全球商品贸易量将增长 3.5%，略好于 4 月预测的 3.0%。而对于 2023 年，他们预计增长 1.0%，远低于此前估计的 3.4%（图 2，Q 指季度）。

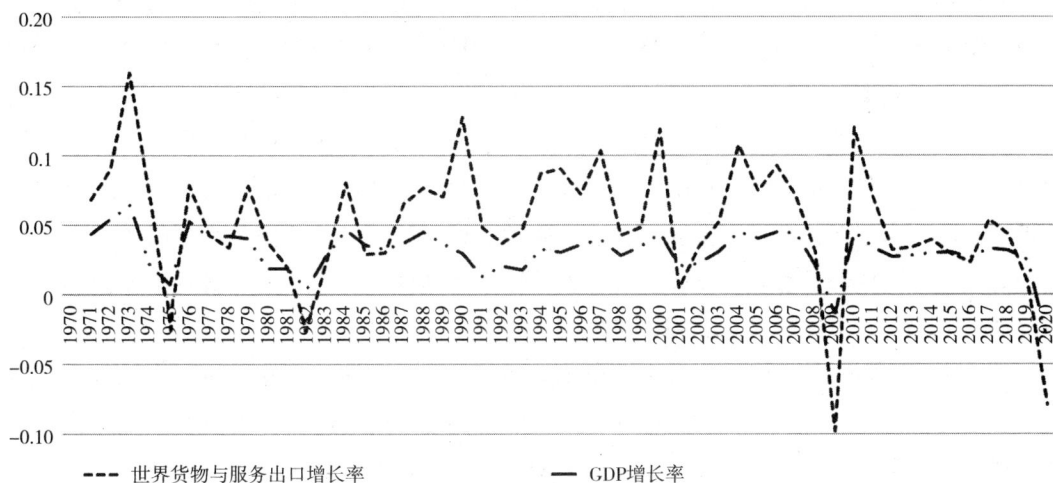

图 1　世界货物与服务出口增长率与 GDP 增长率变化趋势（按 2015 年不变价）

资料来源：UNSD

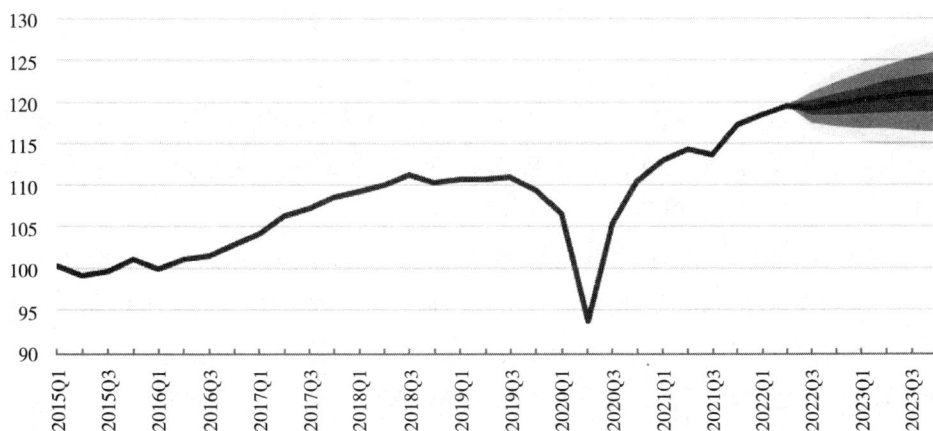

图 2　2015Q1～2023Q4 世界商品贸易量（经季节调整的贸易量指数，2015＝100）

资料来源：WTO

---

❶ WTO. Trade growth to slow sharply in 2023 as global economy faces strong headwinds.

（二）全球纺织产业格局持续调整

当前的全球纺织产业分工格局起始于20世纪70~80年代，我国实行改革开放政策后，加入全球产业分工持续深化的进程，并经过加入世界贸易组织（WTO）、配额取消等关键机遇，取得了快速发展，形成了全球最完整的纺织产业体系，成为世界最大的纺织工业生产国、出口国和消费国，生产规模和出口额在世界上处于遥遥领先的第一位。

从全球纺织工业生产力布局来看，基本格局是以欧美日发达国家和地区为主要消费地，中国和近年来逐渐兴起的东南亚、南亚等地区为主要的生产地。发达国家和地区的纺织品服装品牌商、零售商在全球价值链中还占据着主导地位和很强的市场影响力，在创新性、时尚性、创造力等方面处于世界领先地位。中国在全球纺织产业中的地位持续提升，在产业配套体系、供应链管理、质量水平等方面的综合竞争优势明显，行业在国际上的软实力也在不断提高。

近年来，我国纺织服装产业的国际转移呈现加速态势。从转移的价值特征看，包括供应链迁移扩展和价值链升级两种类型的产业转移，以供应链迁移扩展方式为主。供应链迁移扩展，是向东南亚、南亚、中亚以及非洲等地区以服装、纺纱为主的产能转移。价值链升级方面，部分优势品牌企业在欧美日等发达国家和地区，通过并购和投资来掌控纺织产业链两端的原料、设计研发、品牌和市场渠道资源。

从纺织产能国际转移来看，近中期还主要是以越南等东南亚国家为主，中长期看，潜力较大的还会有印度、巴基斯坦、孟加拉国等。越南等东南亚国家在上游纺织品方面目前还主要依赖我们国内供应链，近年来我国纺织品出口增长比较稳定。不过这可能也是一个过渡性阶段。从动态和发展的眼光，一个国家和地区的产业链在需求驱动下，会逐步发展起来。我国纺织产业发展的历史也是如此。对比2015年与2020年世界纺织品和服装出口额前20名的国家或地区，可较清楚地看到这个趋势。印度、土耳其等在纺织品出口方面一直比较稳定，越南是纺织品的出口额增长很快。越南是单独一个经济体，因为其人口规模不到我国的1/14，其纺织服装业可能无法取代中国或在实质上和我国形成较强竞争关系。但越南服装出口额已达我国的1/5左右，而且近年来发展速度保持较快，其出口的相对规模还是相当可观的。再考虑到东南亚、东盟地区纺织服装产业发展，中期左右对我国纺织服装产业可能形成较强竞争。

当前影响纺织服装产业国际转移的因素更加复杂、多变，多种因素综合叠加，导致一些企业特别是面向国际市场的外向型企业会加快向海外转移。国外品牌和零售企业基于分散地域风险等考虑，近年来一直延续的海外转移的趋势会进一步加速。

纺织工业的制造业环节在发达国家和地区也并未完全退出。依托高新科技研发与先进制造优势，发达国家在纤维、面料、纺织装备乃至纺纱、服装等领域的制造能力并未萎缩，反而保持稳定增长，德国、美国、意大利、法国等国家的纺织品服装出口一直处于世界前列。长期以来，发达国家在全球分工中凭借经济先发优势和货币、金融主导地位，把制造环节转移到发展中国家，在全球价值链中发挥主导作用。近年来，发达国家也纷纷出台政策，吸引制造业回流。全球纺织产业格局正处于新一轮动荡与持续变化中。

（三）新一轮科技革命和产业变革深入发展

当前，全球科技创新进程明显加快，数字科技、材料科技、绿色低碳科技等加速应用，推动纺织产业链、供应链提质增效，带来业态更新与价值延伸。特别是数字经济作为新一轮科技革命和产业变革与我国推动高质量发展历史性交汇，推动生产方式、生活方式和治理方式深刻变革，成为重组全球要素资源、重塑全球经济结构、改变全球竞争格局的关键力量。世界各国普遍把数字化转型作为经济社会发展的重要战略，如日本提出超智能社会"社会5.0"的概念，欧盟委员会在工业4.0的基础上又提出了工业5.0作为迈向可持续、以人为本且富有韧性的欧洲工业发展的未来愿景及战略，更加注重社会和生态价值。我国由国务院发布的《"十四五"数字经济发展规划》指出，到2025年，我国数字经济核心产业增加值占GDP比重将由2020年的7.8%提高到10%，产业数字化转型迈上新台阶。规划从加快企业数字化转型升级、全面深化重点产业数字化转型、推动产业园区和产业集群数字化转型、培育转型支撑服务生态四个方面提出了大力推进产业数字化转型的重点任务。国家发展改革委、中央网信办《关于推进"上云用数赋智"行动培育新经济发展实施方案》提出，要大力培育数字经济新业态，深入推进企业数字化转型，打造数据供应链，以数据流引领物资流、人才流、技术流、资金流，形成产业链上下游和跨行业融合的数字化生态体系，构建设备数字化-生产线数字化-车间数字化-工厂数字化-企业数字化-产业链数字化-数字化生态的典型范式。

根据中国互联网络信息中心发布的《第50次中国互联网络发展状况统计报告》，截至2022年6月，我国网民规模达10.51亿，网络视频（含短视频）用户规模达9.95亿，网络支付用户规模达9.04亿，网络直播用户规模达7.16亿。2021年，我国社交电商销售额达3630亿美元（包括在社交网络上购买的产品或服务，无论其支付方式还是履行方式），同比增长35.5%，是美国社交电商销售额的大约10倍[7]。2021年，我国数字经济规模45.5万亿元，其中产业数字化规模达37.2万亿元，占数字经济比重为81.7%，占GDP比重为32.5%（图3）。互联网从消费领域向生产领域，从虚拟经济向实体经济快速延伸，制造业加速向数字化、网络化、智能化深度拓展。大数据、算法、芯片、传感器、语音图像处理、机器学习等技术正在成为新的战略性关键要素，数字化转型已经几乎在所有行业全面启动。

纺织服装实体经济与数字经济加快融合，物联网、大数据、云计算、人工智能等加快推进，人工智能（AI）设计助力时尚原创设计能效提升，3D量体裁衣技术应用范围逐步扩大，"上云用数赋智"活跃，跨界创新蓬勃兴起，个性定制、共享经济等新业态不断涌现，元宇宙、数字时尚正成为新生力量。2021年，纺织行业两化融合整体发展水平达到56.6%，较"十三五"初期提升了18.4%。持续三年的疫情对广大中小企业造成的冲击更大，也使得越来越多中小企业开始积极探索数字化的经营模式，面向中小企业的互联网平台服务也获得了更多市场应用机会。中小企业的数字化转型也是后疫情时代提升抗风险能

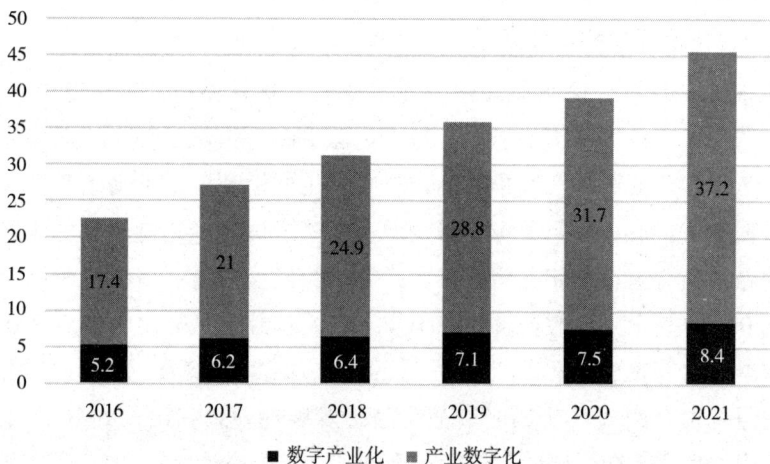

图3　我国数字经济规模变化（单位：万亿元）

资料来源：中国数字经济发展报告（2022），中国信息通信研究院

力、增强竞争力和实现持续成长的重要机会[7]。

对广大中小企业来讲，以数字经济为突出特征的新一轮产业革命至少从以下三个方面带来巨大变革：一是带来认知革命，重塑竞争规则。人工智能、大数据、区块链、云计算、元宇宙等数字化加速扩张，改变和征服了人们生活中的各个领域。人工智能冲击传统企业管理和竞争的新逻辑，将极大地改变旧有的竞争规则。人工成本等成本因素不再敏感，更强的市场洞察力、更好地贴近客户（消费者）将变得更为重要。二是行业边界模糊，企业和客户的边界融合，行业的认知无法再以传统的经验为依据。智能化和信息化的需求正在打破行业的界限，消灭了传统的竞争壁垒，每个行业都处在融合的发展模式中。三是商业形态进化。随着科学技术的进化，商业活动的形态也在发生进化，市场竞争规则和企业运行法则发生变化。通过低成本的信息技术和手段创建出来的全新商业模式将打破旧的商业形态，带来"数字化颠覆"（digital disruption）[8]，传统的高成本环节和要素可能变得不再需要或者完全替代，旧的商业形态将退出历史舞台。

（四）国内大市场提质扩容是长期趋势

我国经济实力持续增强，拥有超大规模的市场且潜力巨大。国内消费扩大和升级将成为我国纺织工业新一轮发展和转型升级的重要动力。2021年，我国国内生产总值114万亿元，我国经济总量占世界经济的比重达18.5%，稳居世界第二位；人均国内生产总值从39800元增加到81000元。2021年，社会消费品零售总额44.1万亿元，比上年增长12.5%，比2019年增长8%（图4）。扣除价格因素，社会消费品零售总额实际增长10.7%。作为拥有14亿人口的大国，人口规模是欧盟、美国和日本人口总和的1.5倍，满足人民美好生活的需要和国民经济诸多领域的需要，不可能主要依靠进口，必定将主要依靠国内供给。我国已经是全球最大的纺织品服装消费国，也是全球最大的时尚消费国，是全球从奢侈品牌到快时尚品牌重点市场。我国在世界经济中的地位将持续上升，同世界经济的联系会更加紧密，成为吸引国际商品和要素资源的巨大引力场。

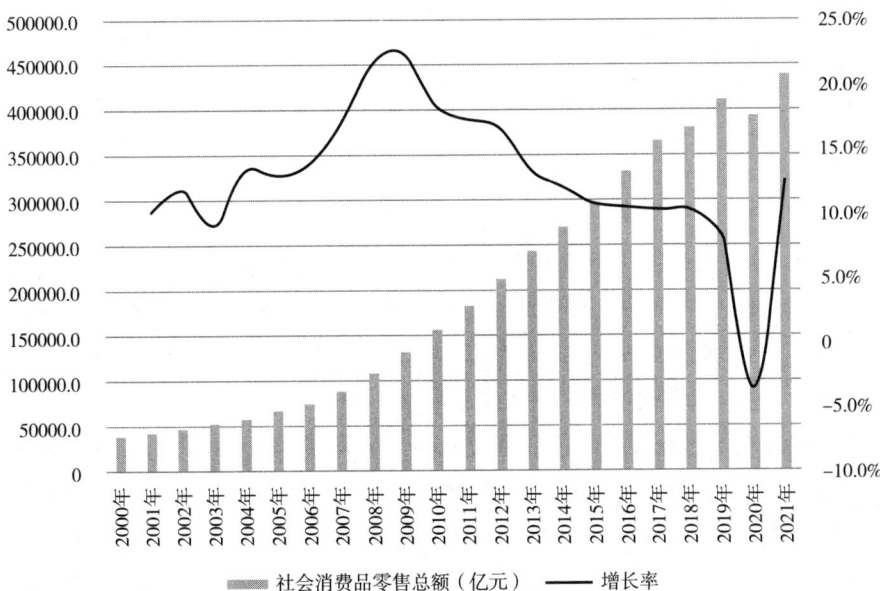

图4　我国社会消费品零售总额和增速变化

资料来源：国家统计局

升级类消费需求持续释放。2021 年，我国限额以上单位文化办公用品类、体育娱乐用品类、化妆品类、金银珠宝类和通信器材类商品零售额比上年分别增长 18.8%、22%、14%、29.8% 和 14.6%，两年平均分别增长 12.1%、15%、11.7%、11.2% 和 13.7%，增速明显高于商品零售平均水平。消费者数量增长和消费升级的双重需求，从"不讲究"到"不将就"，消费持续提质扩容。乡镇和村两级消费市场占我国消费市场总体的 38%，随着全面推进乡村振兴、加快城乡融合发展，县域以下市场也具有巨大的潜力[9]。来自以三四线城市、县城、乡镇为代表的新兴市场成为新增网购用户主力。"十四五"我国将实施县域商业建设行动，预计到 2025 年基本实现县县有连锁商超。国货和自主品牌消费近年来也进入了一个爆发期，新消费、新品牌、新生态为特征的新国潮促进了品牌和消费的双重升级。根据百度与人民网研究院 2021 年联合发布的百度 2021 国潮骄傲搜索大数据报告，从 2011~2021 年国潮经过 10 年发展，进入国潮 3.0 时代，搜索热度上升了 5 倍多。国潮内涵扩大，中国品牌、中国文化以及中国科技引领了全面全新的国潮生活。国潮不仅限于实物，更有民族文化与科技骄傲的潮流输出，正在向世界输出来自中国的潮流新思路，是国人对于中国经济、文化和科技实力的全面自信。国货数码、国潮服饰和国货美妆居十大国潮话题前三位，从服装品牌搜索浏览的标签词变化看，从 10 年前的复兴计划、代工、促销等词变化成为品牌升级、自主时尚品牌、高端等[10]，非常生动地展现了服装行业 10 年的巨大变化（图 5）。

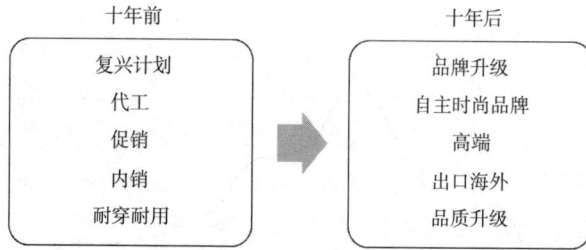

十年前		十年后
复兴计划		品牌升级
代工		自主时尚品牌
促销	➡	高端
内销		出口海外
耐穿耐用		品质升级

图 5 2011 年和 2021 年中国服装品牌标签词变化

资料来源：2021 国潮骄傲搜索大数据报告，百度 & 人民网研究院

（五）人口转型带来全方位结构性影响

从我国人口转变演进现实看，随着生育率的下降和预期寿命的增长，人口低增长甚至负增长将会是常态，中国人口结构向倒金字塔方向转型，从人口红利向人口负债转变是新发展阶段人口转型的主要特征[11]。从历次人口普查情况看，我国人口年均增长率从 1982 年第三次人口普查时的 2.09% 高峰起，一直处于持续下降的状态，2020 年第七次人口普查时的年均增长率仅为 0.53%。与 2010 年第六次全国人口普查相比，2020 年全国人口中 15~59 岁人口比重下降 6.79 个百分点，60 岁及以上人口的比重上升 5.44 个百分点[12]。我国劳动年龄人口从 2014 年左右开始跨越峰值由增长进入下降阶段，几十年来的人口红利逐步减弱，开始了长期结构性的人口转型。根据国家统计局数据，2015 年，15~64 岁人口规模为 100361 万人，占总人口比重 73%。2020 年，15~64 岁人口规模为 96776 万人，占总人口比重 68.6%（图 6）。

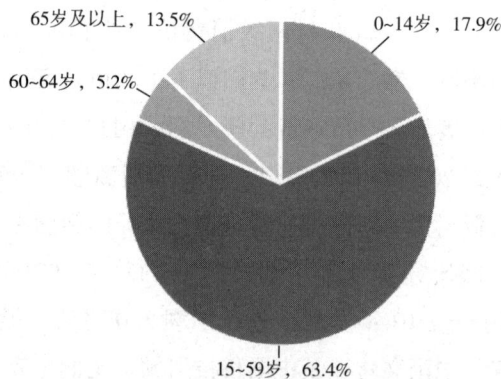

图 6 第七次人口普查全国人口年龄结构

资料来源：国家统计局

对制造业企业来说，"招工难""留人难"一直困扰着许多纺织服装企业，企业职工

的平均年龄提高，后继乏人，特别是经营管理仍然按照原来的方法行事的企业感受尤为明显。另外，与"招工难"并存的则是大学生"就业难"，两种现象、两种矛盾多年并行。这几年在新冠肺炎疫情的影响下，企业经营压力空前、年轻人失业率高企，这种矛盾更加突出了。根据第六次和第七次两次人口普查数据，对比 2020 年与 2010 年的就业情况，印证了这种现象和趋势。对两次人口普查分行业就业人口的年龄结构进行分析，纺织行业（包括纺织业、纺织服装服饰业、化学纤维制造业）就业人员中 16~29 岁占比从 2010 年的 40.8% 下降到了 2020 年的 17.2%，降幅近 60%，同时，45 岁以上人员占比则从 2010 年的 16.0% 提高到了 2020 年的 35.7%，翻了一番多。其中纺织服装、服饰业的 16~29 岁人员占比降幅大于总体水平，10 年间降了 26.9 个百分点，纺织业 45 岁以上人员占比增幅较大，10 年间增加了 21.9 个百分点（表 2）。

表 2　两次人口普查时期纺织工业就业年龄结构变化

项目	年龄段	纺织业	纺织服装、服饰业	化学纤维制造业	纺织工业合计	制造业	一二三产合计
第七次人口普查（a）	16~29 岁	14.4%	18.3%	21.5%	17.2%	20.1%	17.7%
	30~44 岁	43.0%	49.0%	44.3%	47.1%	45.6%	39.1%
	45 岁以上	42.6%	32.7%	34.3%	35.7%	34.3%	43.2%
第六次人口普查（b）	16~29 岁	34.4%	45.1%	27.9%	40.8%	37.7%	25.4%
	30~44 岁	44.9%	42.0%	49.2%	43.2%	42.8%	39.5%
	45 岁以上	20.6%	12.9%	22.9%	16.0%	19.5%	35.0%
变化（a-b）	16~29 岁	-20.0%	-26.9%	-6.4%	-23.6%	-17.6%	-7.7%
	30~44 岁	-1.9%	7.0%	-4.9%	3.9%	2.8%	-0.4%
	45 岁以上	21.9%	19.8%	11.3%	19.7%	14.8%	8.1%

资料来源：国家统计局

　　在劳动年龄人口总量下降的同时，随着高校扩张高等教育普及化程度大幅提高，人口受教育水平取得较快提升。2020 年，全国 15 岁及以上人口平均受教育年限达到 9.9 年，其中，16~59 岁劳动年龄人口平均受教育年限达到 10.8 年，比 2010 年提高 1.1 年。全国 15 岁及以上人口中受过大专及以上文化程度教育的人口为 21836 万人，占比 15.5%，比 2010 年增加 9872 万人，占比提高 6.5 个百分点。在就业人员中，学历水平提升的幅度更明显，2020 年，就业人员中，高中、大专及以上受教育程度人员所占比重分别为 17.5%、22.2%，平均受教育年限由 2012 年的 9.7 年提高到 2020 年的 10.4 年[12]。大专及以上受教育程度人员比重高于全国 15 岁以上人口总体占比水平 7 个百分点。2021 年，我国每万名就业人员中 R&D 人员数达 115 人，R&D 人员中拥有本科及以上学历人员占比 63% 左右。社会各界开始重视如何培育、提升和发挥好我国的人力资本优势。区别于传统的人口和劳动力概念，人力资本是指由劳动者的知识、技能、工作经验、健康状况所构成的总和。人力资本不仅反映了一定时期内可用于生产的劳动力投入，同时影响了技术研发、吸纳以及扩散使用的速度，是用于衡量国家经济和社会进步及可持续发展的指标[13]。由利用人口红利为主转向提升人力资本为主，发挥人力资本价值，将是未来广大中小企业经营的着力点。

四、纺织行业专精特新中小企业高质量发展的重点

（一）做长期主义的坚韧企业

外部环境永远是变动的，市场经济内在的经济周期波动也时时在施加影响，特别是近年来企业面临的各种挑战更为严峻复杂。

越是在充满不确定性的时刻，企业越需要深入思考变化的是什么、不变的是什么的问题，思考发展什么、怎么发展的问题，思考坚持什么、改变什么的问题。一代传奇企业家稻盛和夫先生建议中小企业经营者不要埋怨"外部经济环境不好"，他认为单单是这种想法本身也是造成自己企业停滞的根本原因[14]。因为外部经济形势没有一成不变的，而且对中小企业来说，可能没有什么时候是好的时候。中小企业经营者不能示弱，要做好表率，和大家一起齐心协力，一起努力，一起钻研创新。只要有这种劲头，就一定会升上高空。中小企业必须时时刻刻拼命努力，才能生存。

秉持长期主义的企业生命力才可能是顽强的。在遇到危机时才能表现出更强的抗压能力，才会有更多的人愿意帮你渡过难关。清华大学经济管理学院教授宁向东认为，长期主义是专注力和连续性的一种叠加。企业只有有了专注力，才能持续地改善效率，才能促进分工的深化，才能激励创新[15]。长期主义至少表现在三个方面：一是企业的经营目标是着眼长期，始终以顾客为中心，围绕解决顾客的待办任务，真正为顾客创造价值，而不是机会主义的。二是企业与供应商、合作伙伴等利益相关方的关系是着眼长期的，共生共赢的，而不是相互博弈的关系。或者依靠链条中的强势地位，向供应商和合作伙伴转嫁风险压力，这样的关系势必不会长久，也不可能是高质量的。三是雇主与员工的关系是着眼长期的，而不仅仅是雇与被雇、付钱与干活的关系，不是交易对手关系，而是共同的事业伙伴。凝聚的人心才是真正的财富。企业真正贯彻了这样的价值观，就能激发每个人的积极性和创造力，员工就会自发努力，拼命工作，才能够实现为客户创造价值。

知易行难，中小企业资源、能力有限，时刻面临市场和经营的压力，始终如履薄冰、捉襟见肘，如何平衡短期与长期，如何既能在当下竞争中生存下来，又能在未来具有较强的可持续发展能力？这对中小企业来讲是个普遍的挑战。我国企业平均寿命短，但是我们看到总有一批优秀的卓越的企业，能够穿越经济周期，持续发展成长。到 2019 年 8 月为止，日本百年以上的企业是 34944 家，其中千年以上的企业有 7 家[16]。日本的中小微企业常年耕耘某一个细小的领域，把自己的主业做到极致，在自己的领域成为日本全国知名甚至全世界知名的企业，也就是常说的"隐形冠军"。他们只做本业及与本业相关的事业，

不盲目扩张，不跟风，不瞧别人的锅[17]。为世人称誉的"德国制造"背后，其中坚力量是大量的"隐形冠军"企业。这些企业在一个狭窄的市场内精耕细作，直到成就全球行业内的"独尊地位"（only-one company）。这些企业的生存时间都在30年以上，有的甚至已有上百年历史，扩张得很慢但发展稳健，讲究价值驱动而非盲目扩张[18]。在纺织行业专精特新企业中，也有在细分领域持续深耕，市场份额遥遥领先，连续40余年持续盈利没有亏损的案例。

应对危机功夫在平时。稳健发展的企业，都是坚持长期主义的企业，始终高度重视事关企业长期发展能力的人才、创新、管理变革，不但在发展好的时期加大投入，更重要的是能够在发展形势不好、经营压力大的情况下仍然坚持不懈。稻盛和夫先生说："哪怕只有一台车床，只要磨练技术，努力寻找客户，那么，给你下订单的客户一定就会出现。"[14] 中小企业一定要在锤炼自己的技术和产品上持续下功夫，努力开拓市场，紧密联系客户，为客户解决关键问题，扎稳不变的基础，保持敏捷性，坚持守正创新。这也是专精特新的本质。

（二）坚持以客户为中心的创新

古云：苟日新，日日新，又日新。专精特新的灵魂是创新。熊彼特在《经济发展理论》中提出，创新是把生产要素和生产条件的新组合引入生产体系，创新包括新财富的创造、新生产方法的采用、新市场的开辟、新资源的开发和新产业组织的形成。企业存在的前提和目的就是为客户创造价值，因此企业的创新活动也必然要围绕这个目的展开，也就是以客户为中心进行创新[19]。

几十年来，企业战略的相关文献一直有着"资源基础论"和"市场中心说"两大学派的讨论。也就是说企业的发展是要基于自身资源和能力的内部导向，还是要基于市场驱动的外部导向。对应到企业的创新战略，即以技术为中心的内部导向还是客户为中心的外部导向。事实上，这两者之间不是非此即彼、相互取代的关系，而是互为补充、相辅相成、相互协调的关系。管理思想大师彼得·德鲁克指出，创新不是一种技术用语，而是一种经济用语或社会用语。创新所创造出的，是新财富或行动潜力，而不是新的知识。创新的意义不是科学或技术，而是价值，创新的衡量标准是它对环境所产生的影响。企业的创新始终必须以市场为中心。正是最以市场为中心的创新者，才在技术和科学上取得了某些最重要的进步。如果创新以产品为中心，很可能会产生一些"技术奇迹"，报酬却可能是令人失望的[20]。

关于以客户为中心还是以技术为中心，中国人民大学商学院黄卫伟教授也做过精彩的论述，他认为初创企业由于首先要解决生存问题，所以这个无须纠结，不以客户为中心就不能生存。而企业迈上正轨发展以后，往往把二者割裂开来，似乎二者是不相容的，陷入两难境地。在这一点上专精特新中小企业可能也非常容易进入误区，因为这些企业往往以技术为专长，以自己的技术和产品为傲，更容易只从自己的技术或产品出发，而对怎么能更好地进入客户场景、更好地创造客户价值重视不足、投入不够。应对这个问题，黄卫伟教授指出关键是要跳出机械论的思维定式，用对立统一和相互转化的观点看待这个矛盾。以客户为中心实际就是以商业成功为中心，以技术为中心是不要被短期利益诱惑，二者的最终目标是一致的，都是为了满足客户本质的、潜在的需求，实现更大的商业成功。技术是创造客户价值的手段[21]。

生产力取决于企业如何竞争，而不是他们竞争的特定领域。如果企业采用复杂的方法，使用先进技术并提供独特的产品和服务，那么在任何行业都可以保持高生产率[22]。多年来，我国纺织行业始终把创新摆在发展的核心位置，取得了长足的发展。但与制造业其他行业横向比较，纺织企业中有产品创新、工艺创新、组织（管理）或营销创新活动或者实现了这些方面创新的企业在行业企业中所占比重较低，低于制造业平均水平，在企业的创新费用构成中，内部 R&D 以及机器设备和软件支出所占比重较高，而外部 R&D 及从外部获取相关技术支出所占比重较低，还有很大的提升空间。创新包括研发创新与非研发创新两种类型。二者同等重要。因为创新不仅仅局限于技术和产品创新，而是涵盖商业活动的全流程和各个方面。科技是企业创新能力的核心要素，保持技术上的创新领先地位是隐形冠军企业、专精特新企业赖以成功的基础。生产组织和流程创新，能够降低成本、提升产品质量、缩短响应时间、为客户创造便利从而提升客户效用。数字化时代为营销创新、模式创新创造了更多的可能性。

在新时期，纺织行业专精特新中小企业要围绕《纺织行业"十四五"发展纲要》以及科技、时尚、绿色发展指导意见提出的方向和重点任务，坚持科技是第一生产力、人才是第一资源、创新是第一动力，培育成长思维，打造创新文化，加强创新投入，有效调动员工的创造活力。积极推动技术创新、生产组织创新、营销创新、商业模式创新。大力弘扬企业家精神，培养富有创新精神、冒险精神、科学头脑和国际化视野的优秀企业家队伍，成为创新发展的探索者、组织者和引领者。应用设计思维、创新冲刺等科学的创新方法论，增强企业创新流程、创新体系的管理能力，提升创新效率和成功率。善于结合外部高校等研发创新资源夯实研发创新基础，加强技术对接和上下游对接，融入纺织供应链体系，持续巩固扩大技术、产品、市场优势。

（三）夯实基础走品牌化发展之路

不确定性或者变化性是人类世界的基本特征，从行为学角度讲，也是人愿意在时间的流变中采取行动以期用更适宜的状态替换目前较不适宜的状态的原动力，因此才会有创造、有交换，有市场经济，才会有企业和企业家精神存在的条件。市场永远是不确定的，有偏好和需求的变化，也有气候、经济、政治等方面带来的大的冲击。应对不确定性，离不开企业基础能力建设。市场洞察、研发、营销、运营等都是企业的基础能力，它们的提升不可能是一蹴而就的，需要科学的管理。管理是应对不确定性、增强企业基础能力的基本功。有的人认为中小企业人少业务简单，不需要管理。这是对管理的误解。依靠热情、靠抓机会可以成功一时或一事，从长期来看，不可能有高的成功概率。管理是实践，需要的是有效性，而不是简单套用层级管理、繁文缛节。越是在动荡和不确定的时期，企业越需要运用管理的确定性，来保障企业在做正确事情的前提下把事情做正确，提高企业长期成功的概率。

中小型企业首先需要有战略，需要仔细考虑并制定出一种能够做出特色的战略。中小企业需要依赖其在一个利基市场中的优先地位获得成功，所以中小企业需要时刻洞察这个市场环境的变化，确定企业在其中竞争并取得优势的方法路径。一般的中小企业多是"问题型"的，疲于应付和解决各种问题，无暇思考客户、价值和未来，因而一般的小型企业都不是成功的企业[20]。企业战略不是大企业的专利，中小企业的经营者，也需要提出和回答彼得德鲁克的经典问题：我们的业务是什么？我们的业务将会是什么？以及我们的业务应该是什么？

做企业就是做品牌。品牌反映了企业在市场和客户心中的地位，是企业创造价值能力的系统体现。品牌化发展不但对 B2C 企业有意义，对于主要是 B2B 的专精特新中小企业来讲同样重要。从某种意义上讲，品牌就是效率，是对消费者而言的效率，也是对企业而言的效率[23]。优秀的企业往往成为品类的代名词，隐形冠军企业虽然往往不为消费者知晓，但在行业内享有盛誉，是客户的首选甚至不二之选。专精特新企业无论处于产业链哪个环节，都需要始终坚持品牌化发展。围绕纺织行业"科技、时尚、绿色"定位，深入落实"三品"战略，做实基础、做优主业、做精专业，实施营销战略，打造具有竞争力和影响力的精品品牌，成为"单打冠军""配套专家"和"行业小巨人"，以强大的市场竞争力走向世界。

基础能力是企业在市场竞争中安身立命、塑造品牌实现持续成长的基石。基础能力，犹如冰山，水面下的功夫占了 90%以上。基础工作是靠一点一滴、坚持不懈、系统组织和推进的。中小企业需要持续强化基础管理能力，积极学习和运用现代管理知识，提高经营管理水平。实施精细化生产、管理和服务，健全和规范管理制度，提升财务、成本、设备、现场、计量和人力资源管理水平。开发和引入低成本、模块化的信息化数字化管理技术。深入推进全面质量管理，用精益求精的精神雕琢品牌价值，推动产品供给向"产品+服务"转变。

（四）因地制宜加快推进数字化转型

中小企业推进数字化转型，首要的和最难的是思想和观念，而不是技术和资金。数字化转型已经不是要不要转的问题，而是怎么转的问题，中小企业经营者首先不能囿于过去的经验，满足于现状，而是用开放的心态和思维，认真地全方位地审视环境、技术变化，认真地全方位地审视企业的业务和流程，紧跟数字经济时代大势，不断融入数字化、网络化、智能化，把数字化建设作为提升企业管理现代化水平的重要手段，作为内部整合、业务重整、管理流程再造的重要推动力，促进降本增效、优化资源配置，实现企业经营管理与数字化技术的深度融合，为企业经营注入新动力。

中小企业推进数字化转型要找到自己的路，"因人因地因时因势"制宜。认真审查和分析自身企业的关键问题，数字化应用的关键场景，近期与中远期相结合，局部与整体相统筹，一步一步，边走边试，逐步深入。能够在一定范围内获得一个阶段性成效，对企业深化数字化认识、增强数字化信心也会有非常大的帮助。数字化转型不能人云亦云，没有两家企业是完全一样的，也没有完全现成的方法。

企业数字化转型要结合自身实际和发展需求，面向技术、管理、生产、产品、服务等全过程的细分场景推进。提高研发设计、经营管理、生产过程、市场营销等数字化应用水平，积极发展数字化管理、智能化生产、网络化协同、个性化定制、服务型制造等新技术新产品新业态新模式。加强企业数字资产价值的塑造，"上云、用数、赋智"，把数字技术与业务进行结合，加强数据挖掘与治理，实现数据驱动业务发展。利用工业互联网、大数据、人工智能、工业机器人、区块链等，促进制造模式柔性化、智能化、精细化与服务化。通过平台融合、社群融合、场景融合，促进企业与互联网产业、现代服务业的跨界融合发展。

（五）全面提升中小企业公共服务效能

构建专业化、高水平、有实效的中小企业公共服务体系。创新服务方式和内容，提高服务精准度，提升服务效能。加强纺织行业专精特新中小企业培育，深入开展纺织行业专精特新企业调查研究，服务政府有关部门开展相关政策研究和咨询服务。持续深化相关政策对接、咨询与服务，专精特新中小企业创新能力建设、新产品新技术开发推广、产融合作、智能制造实施与数字化转型、质量与品牌建设、企业发展与能力建设、知识产权等服务。

发挥行业专精特新企业优势，服务纺织产业集群和园区高质量发展。重点围绕新材料、绿色低碳、智能制造等行业关键重点领域，建设可持续能力和竞争优势突出的特色产业集群和园区。搭建"走出去、引进来"交流合作平台与机制，链接行业内外优质资源，组织专精特新企业"进集群、进园区、进龙头企业"，促进各地区、集群、园区、企业以及相关服务机构之间信息互通、对接考察、交流合作，打造协同创新富有韧性的产业链供应链，实现广泛链接、深度合作、共创共赢。

以产业集群为依托，实施中小企业质量工程、中小企业基础管理提升工程、中小企业创新创业工程。把产业集群作为实施"三品"战略、推进纺织供给侧结构性改革的重要载体，夯实集群升级基础，推动产业集群中小企业转型升级和高质量发展。充分发挥国家中小企业公共服务示范平台、小微企业创业创新示范基地、国家双创特色载体等作用，加强产业集群和园区中小企业公共服务平台建设。提升中小企业在创新体系、创新活动中的参与度和贡献度，促进行业创新成果惠及更多企业。加强行业科技服务，培育创建企业技术中心、设计中心等，培育组织科技项目、构建创新平台。支持中小企业参与龙头骨干企业的创新体系、生产协作体系，促进价值链上大中小企业融通发展。

建设区域数字创新中心，为区域中小企业数字化转型提供一站式服务，包括提供相关知识和培训、诊断、需求撮合、解决方案、测试、融资等，面向中小企业提供更加便捷、成本更加经济的场景数字化解决方案，有效破解中小企业数字化转型"不想转、不敢转、不会转"难题，增强中小企业数字化、智能化、网络化能力。培育智慧产业集群，开展普惠性"上云用数赋智"服务。强化工业互联网平台的资源集聚能力，有效整合产品设计、生产工艺、设备运行、运营管理等数据资源，汇聚共享设计能力、生产能力、软件资源、知识模型等制造资源，打造集群智能化柔性供应链系统，帮助企业提高竞争力。

参考文献

[1] "新时代工业和信息化发展"系列新闻发布会第三场实录：支持中小企业创新发展，培育更多专精特新企业！[EB/OL]. [2022-10-17].

[2] 侯云春. 坚定不移地走质量效益型发展道路[J]. 经济工作通讯，1997（23）：7-9.

[3] 国家经济贸易委员会. 努力实现国有企业改革三年目标[J]. 求是，1998（8）：6-10.

[4] 郭倩. 从大数据看"专精特新"企业韧性与活力[EB/OL]. [2022-10-20].

[5] 我国已培育8997家专精特新"小巨人"企业 资本市场成为重要融资平台[EB/OL]. [2022-10-20].

[6] 鲁吉·夏尔马. 低增长和高通胀的"后新冠"世界[EB/OL]. [2022-02-15].

[7] 腾讯研究院，腾讯营销洞察. 中小企业数字化转型发展报告（2022版）[R]. 2022.

[8] 大前研一. 低增长社会[M]. 朱悦玮，译. 北京：北京时代华文书局，2019.

[9] 大前研一. 我国将实施县域商业建设行动[EB/OL]. [2021-10-31].

[10] 百度，人民网研究院. 2021国潮骄傲搜索大数据报告[R]. 2021.

[11] 张鹏，施美程. 从人口红利到人口负债：新发展阶段人口转型问题研究[J]. 江淮论坛，2021（6）：20-27，82.

[12] 国务院第七次全国人口普查领导小组办公室编. 2020年第七次全国人口普查主要数据[M]. 北京：中国统计出版社，2021.

[13] 张琼，张钟文. 我国人力资本变迁70年：人口转型与教育提升的双重视角[J]. 统计研究，2021，38（11）：47-59.

[14] 稻盛和夫. 稻盛和夫如是说[M]. 曹岫云，张凯，译. 北京：机械工业出版社，2022.

[15] 李全伟，廖琦菁，杨秀红. 2018中国百佳CEO"长期主义"的胜利[J/OL]. 哈佛商业评论，2018（11）[2022-10-9].

[16] 徐静波. 日本如何转型创新[M]. 北京：华文出版社，2020.

[17] 李海燕. 日本中小微企业的生存和发展之道[EB/OL]. [2022-10-29].

[18] 赫尔曼·西蒙，杨一安. 隐形冠军：未来全球化的先锋[M]. 张帆，吴君，刘惠宇，等译. 2版. 北京：机械工业出版社，2019.

[19] 约瑟夫·熊彼特. 经济发展理论[M]. 何畏，易家详，张军扩，等译. 北京：商务印

书馆，1990.

[20] 彼得·德鲁克. 管理：使命、责任、实务（责任篇）[M]. 王永贵，译. 北京：机械工业出版社，2006.

[21] 正和岛. 决策之道（第4辑）[M]. 北京：中国财富出版社，2022.

[22] MICHAEL E P. Clusters and the new economics of competition[J]. Harvard Business Review, 1998 (6): 77.

[23] 王直上. 品牌创造增长[M]. 北京：中信出版集团股份有限公司，2020.

[24] EDWARDS T, DELBRIDGE R, MUNDAY M. Understanding innovation in small and medium-sized enterprises: a process manifest [J]. Technovation, 2005, 25 (10): 1119-1127.

[25] KAHN K B. Understanding innovation[J]. Business Horizons, 2018, 61 (3): 453-460.

[26] LOVE J H, ROPER S. SME innovation, exporting and growth: a review of existing evidence[J]. International Small Business Journal: Researching Entrepreneurship, 2015, 33 (1): 28-48.

[27] COHEN W M, LEVINTHAL D A. Innovation and learning: the two faces of R & D[J]. The Economic Journal, 1989, 99 (397): 569.

[28] THE COMMISSION TO THE EUROPEAN. An SME strategy for a sustainable and digital Europe [R]. 2020: 19.

[29] 傅和彦. 中小企业经营法[J]. 经济管理，1980 (11): 53-55, 60.

[30] 周适. 中小企业发展面临的趋势、问题与支持战略研究[J]. 宏观经济研究，2022 (7): 163-175.

[31] 李震，杨永春. 中国人力资本结构高级化格局演变及其空间分异机制[J]. 经济地理，2019, 39 (10): 104-111.

[32] 杜传忠，薛宇择. 新冠疫情后日本中小企业扶持体系及发展路径建设[J]. 现代日本经济，2022 (3): 26-38.

[33] 张琼，张钟文. 我国人力资本变迁70年：人口转型与教育提升的双重视角[J]. 统计研究，2021, 38 (11): 47-59.

[34] 田正. 日本中小企业非研发创新政策支持体系研究：以"机振法"产业政策体系为例[J]. 现代日本经济，2021 (5): 54-67.

[35] 李舒沁. 欧盟支持中小企业数字化转型发展政策主张及启示[J]. 管理现代化，2020, 40 (5): 65-68.

[36] 春燕，吉根泰. 产官学结合、科技创新与产业发展的驱动力：日本推动创新（知识）集群新模式[J]. 科学管理研究，2014, 32 (1): 110-112.

第二部分

政 策 篇

专精特新中小企业政策变迁研究

刘芮嘉　王冠

中国纺织建设规划院

一、中小企业的发展和支持措施

中小企业作为国民经济和社会发展的生力军，是建设现代化经济体系、推动经济实现高质量发展的重要基础，也是扩大就业、改善民生的重要支撑。专精特新中小企业的涌现成为产业转型升级、创新驱动发展的关键抓手，其专业化程度、研发投入、发展潜力、配套能力有着不可替代的地位，对于构建双循环新发展格局提供了源源不断的新动力。

（一）其他国家中小企业发展和支持措施

中小企业的发展在西方国家有着深远的影响。以美国为例，20世纪90年代因市场竞争激烈、业务结构传统、经营成本增加、企业科技落后等问题导致每年都有近50万家企业倒闭，其中中小企业的数量占比达到了99%。但新的创业微小型企业及商业业态也在不断涌现，增长数量几乎与倒闭数量持平甚至超过当下，这一现象也促进了美国新一轮经济增长。据有关数据统计，1997~2005年，美国企业就业人员数量低于20人的占比在89%以上，低于500人占比高达99%以上[1]。直至今日，中小企业在美国市场也占据大部分份额，以强劲的增长势头为市场注入新的活力，不断推动着美国经济的发展。

日本极为重视中小企业的发展，中小企业多集中在制造业、零售业、服务业等产业领域。1945年后，日本也逐渐认识到中小企业对于国民经济的发展有着至关重要的作用。1963年7月，日本政府颁布了《中小企业基本法》，此法以"推进现代化中小企业"为核心，明确规定政府需每年根据中小企业发展动向制定年度政策，政策的出台表明日本已经将发展重心转移至中小微企业，甚至将所述企业提升到"引领日本经济"的战略性地位。日本一系列扶持政策的产生使得中小企业迅速完成了企业结构性调整，提高了工业科技创新能力，并不断向知识密集化领域转型，成为构建日本经济优势的关键路径。

综上所述，尽管各个国家有不同的发展模式，也面临不同的新形势与新挑战，但都始终将中小企业作为发展中的重点，依托政策改革、业态布局、国际合作等多维度措施促使企业蓬勃发展。经过几个时期市场格局快速扩张，中小企业已经成为各国家经济产能的重要支柱。

（二）我国中小企业发展和支持措施

回顾我国中小企业发展，在国情与体制的影响下，经过了计划经济及计划经济向市场经济转轨的发展时期，市场经济起步晚于其他国家，中小企业的地位及市场表现一直处于下行。直至1997年国家经济贸易委员会副秘书长、研究室主任侯云春在《坚定不移地走质量效益型发展道路》译文中，强调新形势下要走质量效益型发展道路，必须与结构调整和国有经济战略性改组紧密结合起来，首次呼吁引导中小企业在专、精、特、新方向上下功夫[2]，这才将中小企业与专精特新结合起来。所谓专、精、特、新即专业化、精细化、特色化、新颖化四个方面。专业化主要指提高生产工艺、产品和服务、市场专业化水平，成为产业链中某个环节的强者；培育为大企业和龙头企业配套的生产关键零部件、元器件的骨干型中小企业；鼓励为大企业配套，加强中小企业分工协作，培育一批"配套专家"。精细化强调建立精细高效的管理制度和流程，开展精细管理，生产精良的产品，提供精致服务；用高、精、尖产品和服务赢得市场；鼓励中小企业走差异化成长道路，赢得市场竞争优势。特色化表示大力发展地方特色产业，从满足不同层次、不同消费群体的需求出发，在"特"字上做文章，做到人无我有、人有我特，形成自己的特色产品、特色服务等。新颖化重点通过技术创新、工艺创新、功能创新，实现产品和服务创新，以"新"取胜，提高核心竞争力[3]。

近年来，为支持中小企业发展，国家相继出台了一系列支持中小企业发展的制度和举措，在顶层设计上，我国已经形成了"1+1+1+1+N"的法律政策体系，分别指"一法""一标准""一规划""各项综合性政策文件"，各地区也根据上级要求相继加大专精特新中小企业发展的扶持力度。习近平总书记在致2022全国专精特新中小企业发展大会的贺信中指出，中小企业联系千家万户，是推动创新、促进就业、改善民生的重要力量。希望专精特新中小企业聚焦主业，精耕细作，在提升产业链供应链稳定性、推动经济社会发展中发挥更加重要的作用。各级党委和政府要坚决贯彻落实党中央决策部署，为中小企业发展营造良好环境，加大对中小企业支持力度，坚定企业发展信心，着力在推动企业创新上下功夫，加强产权保护，激发涌现更多专精特新中小企业[3]。

二、促进中小企业专精特新发展的政策回顾与分析

我国中小企业相关政策的制定与出台，是伴随着社会主义市场经济体制不断健全和完善、中小企业群体逐渐发展和壮大同步发展的，是理论与实践相结合的总结，专精特新的发展定位更是对中小企发展的进一步战略性指导。为了便于总结我国中小企业政策的发展脉络，本文依照国家规划的年度划分，将从2000年至今的政策发展分为四个阶段进行回顾与分析。

（一）2000~2010年：萌芽期

回望2000年，我国还处于国有制企业改革的试点阶段，"抓大放小"重要战略方针的

施行阶段，也是国家开始促进中小企业发展落实到具体政策的开始之年，此时中小企业面临良好的发展机遇，部分企业发展进入萌芽期，在此期间扶持政策中首次出现了对于专、精、特、新明确的发展方向，迫切培育"小而优、小而强"的创新型企业。

2000 年 8 月 24 日颁布的《关于鼓励和促进中小企业发展若干政策意见的通知》是鼓励中小企业大力发展的起始政策文件，以党的十五大和十五届四中全会精神为基础，政策意见侧重高新技术类"优强"中小企业的扶持力度，不断总结推广不同类型企业的发展经验和典型模式。在结构方面，鼓励先进科技型企业，淘汰落后生产型企业，大力推动有专业行业技术、优质产品特性的企业向上发展；在财政方面包括但不限于国有资金的补助、减免税优惠政策、提高银行贷款比例、其他社会融资渠道等，在内部建立健全中小企业培育体系，在外部构造良好公平的竞争环境。坚持发展大企业大集团与扶持中小企业并举的方针，形成与大企业大集团分工协作、专业互补的关联产业群体。这也是首次由国家经贸委牵头，将科技部、财政部、人民银行、税务总局等部门统一部署，成立专项小组，统一推动中小企业自主发展（表 1）。

表 1　2000~2010 年中小企业部分政策目录

发布日期	政策目录
2000-08-24	国务院办公厅转发国家经济贸易委员会《关于鼓励和促进中小企业发展若干政策意见的通知》（国办发〔2000〕59 号）
2009-09-22	国务院关于进一步促进中小企业发展的若干意见（国发〔2009〕36 号）

来源：国务院、工信部、中国中小企业发展促进中心

21 世纪初，经过十余年市场经济体制的发展，中小企业快速且猛烈的发展趋势已经逐渐被国家所重视，而 2008 年恰逢金融危机爆发，全球面临经济大萧条与全面动荡，中小企业也陷入经营危机，尤其海外金融市场大幅波动，导致企业出口订单下降，利润直线下滑，回款困难，融资出现瓶颈，发展形势十分严峻。针对国内外危机的蔓延，中央在第一时间将"保持经济平稳较快发展、控制物价过快上涨"作为当前首要任务，针对中小企业发展环境，国务院于 2009 年 9 月 22 日拟定《进一步促进中小企业发展的若干意见》，完善了有关市场采购、督察监管制度，用法律与制度树立起对中小企业的发展保护。面对金融危机带来的最主要的资金问题，国家重点明确在融资、财税、市场三个方面逐一进行了调控。尤其是中小企业融资难、担保难的主要问题十分突出，中央对所在金融机构所贷款的中小企业进行了适度补助，也为不良贷款给予补偿。值得注意的是，此政策从国有银行和股份制银行角度完善了中小企业授信制度，拓宽质押方式，有效改善中小企业在银行审批难、质押少的问题，扩大集合债券和短期融资券的发行规模，拓宽融资渠道。这也是我国首次提出关于中小企业信贷和债券支持政策，在此基础上，各地区加大了对于中小企业扶持的专项补助拨款，同时对年应纳税所得额低于 3 万元（含 3 万元）的小型微利企业，其所得额按 50% 计入应纳税所得额，按 20% 的税率缴纳企业所得税[4]。

有了融资渠道与财税补助两方面加持，政策还表明将鼓励中小企业全面拓宽国内与国际市场，其手段表现在降低参展费用、落实出口退税等方面，鼓励企业在各类平台宣传新技术、新产品，在境外利用差异化产品把握市场机遇，扩大出口创汇。

两项帮扶政策的及时出台缓解了金融危机下企业亏损加剧的局面，为中小企业创新发展指明了方向，同时以"扩内需，稳外需"的战略方针，加快了企业结构调整和技术进步，保障了广大中小企业稳定渡过最难关口，提振了整体市场信心，也在一定程度上稳定了中国宏观经济大盘，推动经济由内向外增长转变。

（二）2011~2015 年：蓄力期

2011~2015 年，我国进入"十二五"时期，我国经济发展面临国内外环境风险挑战并处于传统工业转型调整期，中小企业在工业转化升级产业结构中占据了主导地位，同时也是提高自主创新能力、建设创新型国家的攻坚阶段，更是中小企业发展的蓄力阶段。我国坚持把走专精特新之路作为促进中小企业成长的重要途径，把集聚发展作为促进中小企业成长的着力点，建立起企业间紧密的分工协作关系，努力形成中小企业专精特新竞相发展的优质新格局。

在中小企业发展态势逐渐向好的过程中，企业缺少统一标准化这一主要问题随之凸显，如何界定企业的纳入范围以及规范化的管理是当下的一大矛盾。为营造中小企业良好发展秩序与环境，工业和信息化部（以下简称工信部）、国家统计局、国家发展改革委、财政部四部门研究制定了《中小企业划型标准规定》，首次明确了中小企业划型的相关标准，并将中小企业划分为中型、小型、微型三种类型，具体标准根据企业从业人员、营业收入、资产总额等指标，结合行业特点制定，范围覆盖农业、工业、服务业、信息产业、文化产业等多类行业（表2、表3）。

表2 部分行业中小企业划型标准

行业	划型标准（满足其中一项即可）	
	从业人员（人）	营业收入（万元）
工业	<1000	<40000
批发业	<200	<40000
零售业	<300	<20000
交通运输业	<1000	<30000
仓储业	<200	<30000
信息传输业	<2000	<100000
软件和信息技术服务业	<300	<10000

来源：《中小企业划型标准规定》（工信部联企业〔2011〕300 号）

表3　部分行业中小企业划分类型

| 行业 | 划分类型（满足其中一项即可） | | | | | |
| | 微型 | | 小型 | | 中型 | |
	从业人员（人）	营业收入（万元）	从业人员（人）	营业收入（万元）	从业人员（人）	营业收入（万元）
工业	<20	<300	≤20	≤300	≤300	≤2000
批发业	<5	<1000	≤5	≤1000	≤20	≤5000
零售业	<10	<100	≤10	≤100	≤50	≤500
交通运输业	<20	<200	≤20	≤200	≤300	≤3000
仓储业	<20	<100	≤20	≤100	≤100	≤1000
信息传输业	<10	<100	≤10	≤100	≤100	≤1000
软件和信息技术服务业	<10	<50	≤10	≤50	≤100	≤1000

来源：《中小企业划型标准规定》（工信部联企业〔2011〕300号）

中小企业划型标准的确立，为之后企业分类管理奠定了基础，使得中央决策部署更具有针对性的取向，在国际方面也与大多国家标准接轨。此时工业行业的转型升级工作迫在眉睫，国务院印发的《工业转型升级规划（2011—2015年）》，重点强调坚持促进中小企业走专精特新发展道路，鼓励企业积极研发新技术、新工艺、新流程、新装备、新材料，形成一批自主化的创新成果。继续实施中小企业成长工程，着力营造环境、改善服务，鼓励和引导中小企业进一步优化结构和转型成长。增强创新创业活力和吸纳就业能力，鼓励和支持创办小企业、开发新岗位，积极发展劳动密集型和特色优势中小企业，鼓励中小企业进入战略性新兴产业和现代服务业领域。引导和支持中小企业专业化发展，支持成长型中小企业做精做优，发展一批专业化企业，支持发展新模式、新业态。鼓励中小企业挖掘、保护、改造民间特色传统工艺，发展地方特色产业，形成特色产品和特色服务。引导大型企业与中小企业通过专业分工、服务外包、订单生产等多种方式开展合作，培育一批"配套专家"，提高协作配套水平。大力发展产业集群，提高中小企业集聚度，优化生产要素和资源配置。

随着中小企业规模逐步扩大，小微企业成为产业升级的新生力量和吸纳就业的重要的载体。2012年国务院为进一步重点支持小型、微型企业健康发展，发文《进一步支持小型微型企业健康发展的意见》，提出提高增值税和营业税起征点，并且延长减半征收企业所得税政策到2015年底，对于中小企业专项资金的管理，将总规模由128.7亿元扩大至141.7亿元，以后逐年增加，重点面向小型微型企业和中西部地区。设立的国家中小企业发展基金，总计拨款150亿元，分五年依次发放，其中2012年安排拨款30亿元。涉及政府采购的中小微企业可组成共同体参与采购且享受 2%~3%价格扣除，小型微型企业产品视不同行业情况均可给予 6%~10%的价格扣除。

划型标准的建立与小微企业的政策扶持进一步加快了底层企业发展速度，随着知识经济的到来，一方面供给市场日趋国际化，另一方面企业生产向某些地区集中，出现产业"集群"现象。据有关数据统计，2012 年国家高新技术产业开发区数量已达到 105 个，提高聚集经济可以大大降低产业集群企业的成本，增加与分散企业成本的差距，从而吸引更多企业进入集群[5]。在此基础上中央为促进中小企业聚集发展，同年出台《国家中小企业公共服务示范平台认定的管理办法》，通过搭建公共服务平台做好企业间信息支撑，以开放、共享、普惠、均等的公共属性提供信息、技术、创业、培训、融资等服务功能，形成价值链，继而形成范围更广的价值网络。加强了企业与各所辖区间协同联动与资源整合，形成公共服务的合力，引领和推动中小企业稳定有序发展。申请成为国家中小企业公共服务示范平台需要同时具有以下 7 个必要认定条件（图 1），同时工信部会对示范平台每年开展一次评审工作，每三年复核一次。

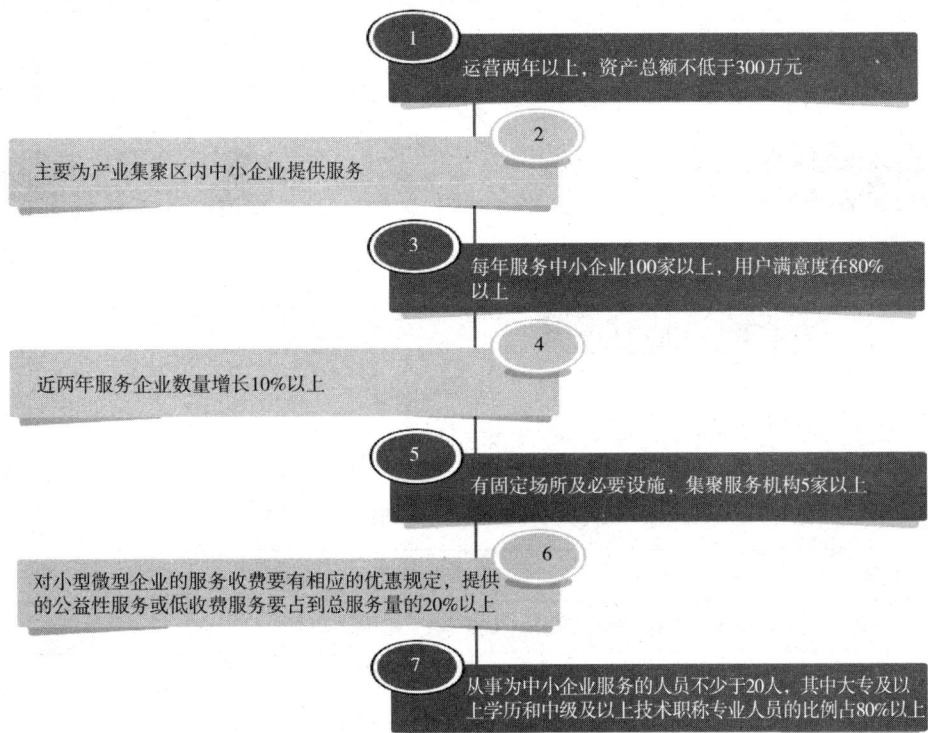

1 运营两年以上，资产总额不低于300万元

2 主要为产业集聚区内中小企业提供服务

3 每年服务中小企业100家以上，用户满意度在80%以上

4 近两年服务企业数量增长10%以上

5 有固定场所及必要设施，集聚服务机构5家以上

6 对小型微型企业的服务收费要有相应的优惠规定，提供的公益性服务或低收费服务要占到总服务量的20%以上

7 从事为中小企业服务的人员不少于20人，其中大专及以上学历和中级及以上技术职称专业人员的比例占80%以上

图 1 国家中小企业公共服务示范平台认定条件

来源：《国家中小企业公共服务示范平台认定的管理办法》的通知（工信部企业〔2012〕197 号）

2013 年 7 月 16 日工业和信息化部（以下简称工信部）发布《关于促进中小企业"专精特新"发展的指导意见》，首次将专精特新、中小企业两词结合作为政策指导意见公布，

为贯彻《国务院关于进一步支持小型微型企业健康发展的意见》，落实《"十二五"中小企业成长规划》提出的任务和要求，提出六大重点任务和五项推进措施（图2、图3、表4）。

图2　六大重点任务

来源：关于促进中小企业专精特新发展的指导意见（工信部企业〔2013〕264号）

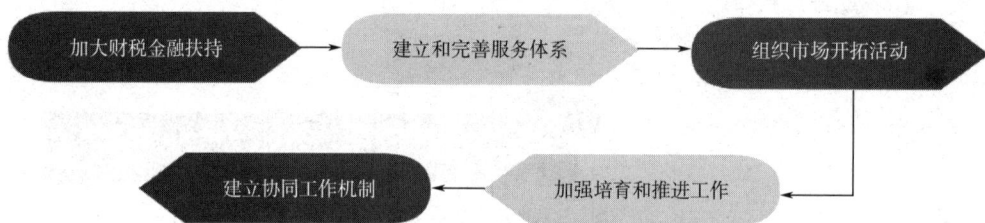

图3　五项推进措施

来源：关于促进中小企业专精特新发展的指导意见（工信部企业〔2013〕264号）

表4　2011~2015年中小企业部分政策目录

发布日期	政策目录
2011-06-18	《中小企业划型标准规定》（工信部联企业〔2011〕300号）
2011-09-23	工业和信息化部发布《"十二五"中小企业成长规划》
2012-01-19	国务院关于印发工业转型升级规划（2011—2015年）的通知（国发〔2011〕47号）
2012-04-26	国务院关于进一步支持小型微型企业健康发展的意见（国发〔2012〕14号）
2012-05-03	工业和信息化部关于印发《国家中小企业公共服务示范平台认定的管理办法》的通知（工信部企业〔2012〕197号）
2013-07-16	工业和信息化部关于促进中小企业专精特新发展的指导意见（工信部企业〔2013〕264号）

来源：国务院、工信部、中国中小企业发展促进中心

"十二五"时期以来，我国产业政策的主要目标是实现产业结构的优化升级。针对中小企业的发展路径，我国围绕产业结构深度调整，振兴实体经济，改造升级传统企业，培育壮大小微新兴企业，出台划型标准、示范平台等一系列标志性产业政策，优化工业健康发展环境，推动生产、研发、服务企业向专业化和价值链高端延伸。

(三) 2016~2020年：发展期

2016~2020年，伴随"十三五"规划纲要的发布，我国经济尤其是数字经济较快速增长，从2016年的22.6万亿元增长到了2020年的39.2万亿元，占GDP的比重从30.3%上升到了38.6%，增速明显高于同期GDP名义增速约8.5个百分点[6]（图4）。多项财税政策利好，企业发展环境进一步改善，创新应用、科研成果成效显著，国内外市场持续向好，中小企业处于大有可为的重要战略机遇期。

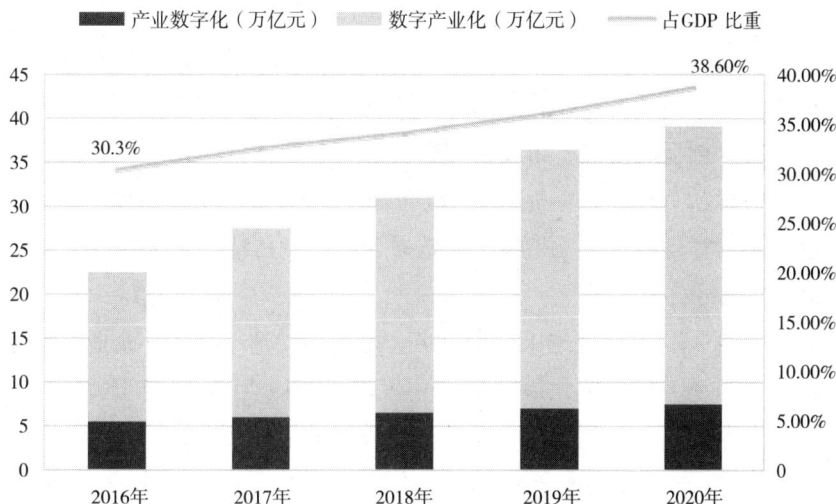

图4　2016~2020年中国数字经济规模

然而进入经济增长常态，速度的提升已经不是第一要务，当前更重要的是把重心放到重点领域的提升和薄弱环节的整改上，加快实现发展动力转化，激发创新驱动生产力。2016年6月28日发布的《关于印发促进中小企业发展规划（2016—2020年）》（以下简称《规划》）正式明确了以提质增效为中心的核心战略，以提升创业创新能力为主线，推动供给侧结构性改革，优化发展环境，从创业兴业、创新驱动、优化结构、推进改革等方面提出了基本原则。《规划》提出了创业兴业、提升创新能力、转型升级、拓展内外市场、职能转变等5个方面主要任务，亮点是围绕提升中小企业创业创新能力确定实施六大关键工程与专项行动（图5）。

2018年11月26日工信部开始开展专精特新"小巨人"企业培育工作，公布了在各省级中小企业主管部门认定的专精特新中小企业及产品基础上，在2018~2020年，总计培育600家专精特新"小巨人"企业的目标，其中2018年计划培育100家左右专精特新

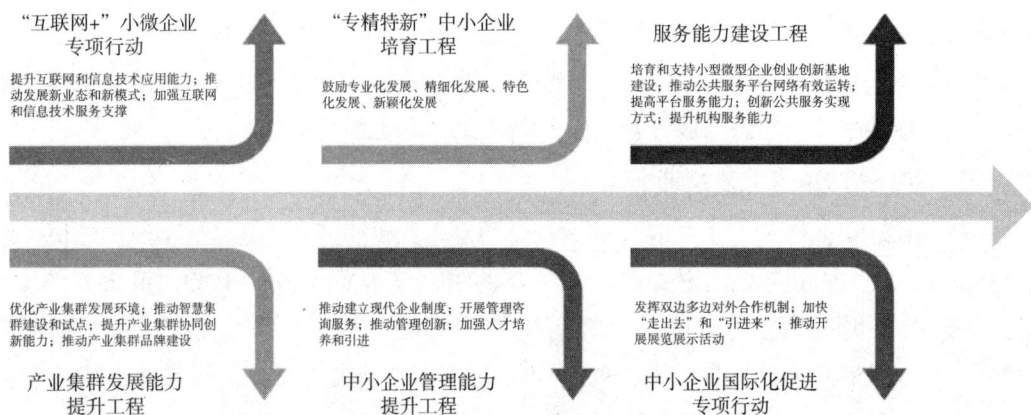

图 5　六大关键工程与专项行动

"小巨人"企业。

这是我国第一次明确了专精特新"小巨人"的概念即专精特新中小企业中的佼佼者，是专注于细分市场、创新能力强、市场占有率高、掌握关键核心技术、质量效益优的排头兵企业。评选专精特新"小巨人"企业应分别满足经济效益、专业化程度、创新能力、标准或行业标准、经营管理四项专项指标。入选并公布的专精特新"小巨人"企业有效期为3年，有效期满当年可再次申报。

专精特新"小巨人"企业评选工作的开启，意味着专精特新中小企业发展逐渐从过去要素驱动转向创新驱动，从个体发展转向整体发展。2019年4月17日中共中央办公厅、国务院办公厅联合印发《关于促进中小企业健康发展的指导意见》（以下简称《意见》）。《意见》指出，中小企业已经成为国民经济和社会发展的生力军，是扩大就业、改善民生、促进创业创新的重要力量，在稳增长、促改革、调结构、惠民生、防风险中发挥着重要作用。面对市场环境多变，融资困难、创新能力不足等问题，《意见》提出七方面二十三项具体举措。针对中小企业面临的融资难融资贵的重点难题，进一步明确落实普惠金融定向降准政策，加大再贴现对小微企业支持力度，重点支持小微企业500万元及以下小额票据贴现。将中期借贷便利的合格担保品范围扩大至单户授信1000万元及以下的小微企业。增加多种类债券产品，缓解小微企业对于债券融资需求。除以上几点外，《意见》还指出支持中小企业在新三板挂牌融资。在信贷和债券融资政策加持下，点明也将积极探索民营企业股权融资这一方式，一改往日单一融资渠道，切实打通企业融资途径，优化融资结构。

对于中小企业而言，尤其是小微企业，税费负担仍然偏重，纳税项目与缴税项目构成复杂且数量较多。为减轻企业税费负担，本《意见》提出取消地方涉企行政事业性收费，积极推进增值税减免政策，对小微企业、科技型初创企业实施普惠性税收减免，并降低社会保险费率。

专精特新"小巨人"企业培育工作经过地方推荐、专家评审及社会公示等程序，于

2019 年 6 月 5 日发布了第一批专精特新"小巨人"企业名单，首批国家级专精特新"小巨人"企业共 248 家，公司业务及主导产品涉及工程、农业、纺织、电子、医疗、通信等多个领域。鼓励入选企业继续在细分市场提升创新科研能力，能够拥有各自的"独门绝技"，建立竞争优势，发挥企业示范带动作用。第一批专精特新"小巨人"企业遴选工作的顺利开展预示着我国中小企业创新发展之路开启了崭新的一站，一年后工信部继续开展第二批专精特新"小巨人"企业培育工作，其中评选条件与第一批专精特新"小巨人"略有区别，在经济效益上放宽了评定条件，由上年度企业营业收入 1 亿~4 亿元调整为上年度企业营业收入在 1 亿元以上，创新能力上增加近 2 年企业研发经费支出占营业收入比重不低于 3% 的指标（表 5）。

表 5　2016~2020 年中小企业部分政策目录

发布日期	政策目录
2016-06-28	工业和信息化部关于印发促进中小企业发展规划（2016—2020 年）的通知（工信部规〔2016〕223 号）
2018-11-26	工业和信息化部办公厅关于开展专精特新"小巨人"企业培育工作的通知（工信厅企业〔2018〕381 号）
2019-04-17	中共中央办公厅　国务院办公厅印发《关于促进中小企业健康发展的指导意见》
2019-06-05	工业和信息化部关于公布第一批专精特新"小巨人"企业名单的通告（工信部企业函〔2019〕153 号）
2020-07-08	工业和信息化部办公厅关于开展第二批专精特新"小巨人"企业培育工作的通知（工信厅企业函〔2020〕159 号）

来源：国务院、工信部、中国中小企业发展促进中心

　　基于以上可以看出"十三五"时期的政策正在建立完备的法制基础，关注市场条件与市场环境，鼓励中小企业提升创新创优能力，只有苦练内功，牢牢掌握核心技术，拥有独特的企业产品，才能在市场中获得一席之地。同时中央遵循产业结构演进规律开展的专精特新"小巨人"企业工作对中小企业的发展具有里程碑式意义，不仅代表了企业间拥有科技信息交流的共享平台，政策的落地更加促进了工业产业乃至整个国民经济的创新能力和竞争能力。

（四）2021 年至今：全面推进高质量发展

　　第十九届中央委员会第五次全体会议正式出台"十四五"规划和二〇三五年远景目标，规划指出"十四五"时期是我国全面建成小康社会、实现第一个百年奋斗目标之后，乘势而上开启全面建设社会主义现代化国家新征程、向第二个百年奋斗目标进军的第一个五年。面对世界正在经历百年未有之大变局，我国正在经历国内大循环，国内国际双循环

的新发展格局的复杂环境，经济市场经受需求收缩、供给冲击、预期转弱的三重压力，但企业仍努力在困境中借助工业水平的稳步提升，积极构建新业态，不断探寻新道路，发展新潜能，为工业化发展提供坚实基础。截至 2021 年末，全国企业的数量达到 4800 万户，与"十二五"时期相比增长 2.7 倍，且其中 99%以上都是中小企业，发展速度快且数量庞大，占领了市场大部分份额；我国规模以上中小企业平均营业收入利润率达 6.2%[7]，已经成为国民经济和社会发展的稳定基石与主力军（图 6）。

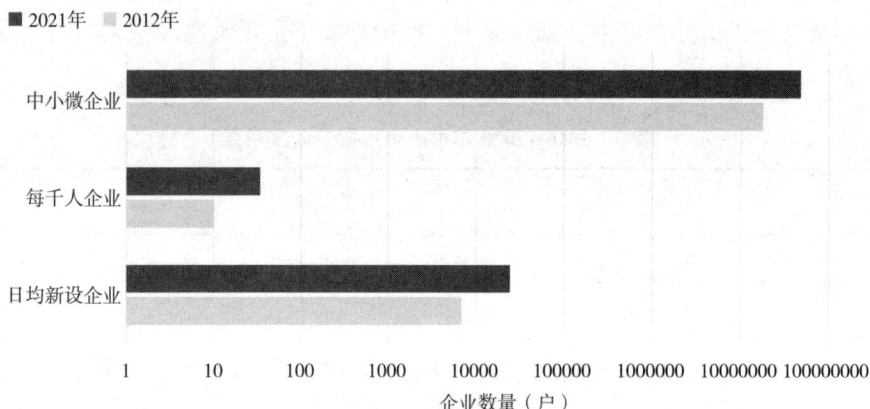

图 6　全国企业较 2012 年增幅

随着中小企业的逐渐壮大，国家发展和改革委员会、工信部联合十余部门根据"十四五"规划相继出台《关于支持"专精特新"中小企业高质量发展的通知》《为"专精特新"中小企业办实事清单》《优质中小企业梯度培育管理暂行办法》等一揽子政策，分类精准施策加快解决"卡脖子"技术难题，选择主导企业，振兴支柱企业，扶持弱势企业，调整衰退企业，支持中小企业发挥专、精、特、新特质，全面建成专精特新中小企业培育梯度格局，围绕产业链部署创新链、围绕创新链布局产业链，以自然、市场、人力、资源、政治、文化多方面因素，运用法规、经济、行政等方面手段，加快产业结构转型升级，引导专精特新中小企业高质量发展。

1. 构建规范有序的认证平台

政府对企业的政策扶持和优惠，是宝贵的社会资源。但中小企业之间的竞争是激烈的、动态的。因此，中央同步完善了企业的准入和准出机制，并配套相匹配的复核周期和复核标准，对已经失去创新驱动的企业，以及已经实现良性发展并脱离中小企业范畴的大型企业，及时移除并切换至其他相关的匹配支持，形成政府加强管理的有力抓手[8]。自 2019 年工信部办公厅第一次提出并评选专精特新"小巨人"企业后，2020 年 7 月 8 日，第二批专精特新"小巨人"企业培育工作顺利开展，紧接着第三批专精特新中小企业的培育入库于 2021 年 4 月启动，在两次培育条件中，将经济效益与创新能力做了级别划分。以上半年营业收入 1 亿元及以上、5000 万元及不足 5000 万元划分三个梯度，分别满足近 2 年研发经费支出占营业收入比重的 3%、经费支出占营业收入比重的 6%、研发投入经费 3000 万元（含）以上，研发人员占企业职工总数比例 50%（含）以上。这一条件的修改不再将小微企业的评定"一刀切"，侧面反映进一步放宽了中小企业培育入围门槛。

专精特新中小企业培育工作每年都在逐步进行，报名企业逐渐增多，但是问题也随之凸显。第一、第二、第三批评定的认证条件都在改变，加上各地方省级专精特新的培育标准由当地自行制定，各不统一，不仅容易造成认知差异，也不利于平台审核工作的开展。

基于以上矛盾，工信部于 2022 年 6 月 1 日出台《优质中小企业梯度培育管理暂行办法》（以下简称《办法》），《办法》在第一、第二、第三批专精特新中小企业评定基础上进一步细分梯度队伍。以申报平台作为唯一评审渠道，以直通车条件与非直通车评分准则两条路径作为培育标准，排除了审核不透明、标准不统一、收费不合理的可能性，为日后专精特新中小企业申报程序建立良好秩序。

平台的建立进一步完善了中小企业培育格局，构建了公平、公正、公开的培育平台，既做好服务的"加法"，也做好审批的"减法"[9]，加快了优质企业培育速度，激发市场主体活力。至此，专精特新中小企业有了统一的评定标准和认证平台。

2. 落实助企纾困的财税政策

（1）资金奖励。在中小企业发展环境逐渐向好阶段，财政部在 2021 年 6 月 4 日修订发布了《中小企业发展专项资金管理办法》，明确规定了中小企业发展专项资金（以下简称专项资金）的适用范围、管理制度、申报条件、责任要求等，为规范资金使用建立长效机制。

《中小企业发展专项资金管理办法》规定专项资金是围绕中央、国务院及有关部门决策部署，下达拨款的用于支持中小企业发展的资金。专项资金支持使用范围包括但不限于创新发展成果、公共服务、合作交流、融资服务等，但需要注意的是不得用于平衡财政预算、偿还企业债务、平台运转费用、人员就业开支项目。

随着专项资金规范制度的建立，财政部、工信部于 2021 年 1 月 23 日联合印发《关于支持"专精特新"中小企业高质量发展的通知》（以下简称《通知》）。其中一项重要内容是明确了由中央从已经认定的省级专精特新"小巨人"中择优选拔出国家级专精特新"小巨人"企业，规定了可考核、可量化的统一标准（表 5）。最根本的财政方面，《通知》表明自 2018 年起中央财政有关部门已经通过专项资金总计发放近 84 亿元的资金补助，2000 个开发区、2000 家以上国家级专精特新"小巨人"企业或省级专精特新中小企业均在资金扶持范围。串联区域内点对点服务，积极引导各地财政及主管部门加大对中小企业扶持力度（表 6）。

表6 国家级专精特新"小巨人"申报流程及认定标准

一、申报流程（基础条件）
由工业和信息化部商财政部从已认定的专精特新"小巨人"企业中择优选定（不含已在上交所主板、科创板和深交所主板、中小板、创业板，以及境外公开发行股票的）。

二、认定标准	
a. 产业导向方面，属于《工业"四基"发展目录》所列重点领域或制造强国战略十大重点产业领域；或主导产品属于关键领域"补短板"、关键核心技术攻关填补国内空白（国际空白）；或与重点行业龙头企业协同创新。	b. 专业化程度方面，主营业务收入占营业收入比重70%以上。
c.（1）创新能力方面，截至上年末的近2年研发经费支出占营业收入比重4%以上。	（2）且满足以下三项条件之一：拥有有效发明专利2项以上、自建或与高校和科研机构联合建立研发机构、主持或参与制（修）订国际国家或行业标准1个以上。经营管理方面，取得相关质量管理体系认证（如ISO 9000质量管理体系、ISO 14000环境管理体系认证等）。成长性方面，上年主营业务收入增长（不作为第一批申报条件）；或有上市计划（已递交申请书或已进入辅导期）。

来源：《关于支持"专精特新"中小企业高质量发展的通知》（财建〔2021〕2号）

　　同时，此次也对"十四五"期间专项资金投放作出计划。预计分三批安排发放总计100亿元以上资金，重点支持1000余家专精特新"小巨人"、重点"小巨人"企业，切实扶持中小企业突破发展短板与瓶颈，助推中小企业高质量发展，将实体经济做强做优。

　　（2）税收减免。税收减免政策在本质上减少了政府税务收入，将这部分利益直接转赋予企业，是保护中小企业健康发展的必要宏观调控手段。

　　2021年11月19日，工信部联合相关十六个部门联合印发《国务院促进中小企业发展工作领导小组办公室关于印发提升中小企业竞争力若干措施的通知》，相比以往，多部门的共同支持意味着中央已形成工作合力共同推动专精特新中小企业融通发展。其中鼓励各地应根据实际形势，落实当地各项惠企税收政策，如降本减负、援企稳岗等具体措施；重点推动全国12366纳税服务热线作用，提升平台咨询服务能力。同日颁布的《国务院促进中小企业发展工作领导小组办公室关于印发为专精特新中小企业办实事清单的通知》确定设立"一户一档"，实行"一户一策"政策，保证各项税费减免红利都能精准推送至企业。

　　2022年，我国在税收制度的基础上进一步加大了税收支持力度，相继推出组合式三十四项税费支持政策，包含减免、缓缴、退税等多项举措，展现出点对点、端到端、全面发力的帮扶特点。值得注意的是，其中针对小微企业的"六税两费"减免政策，可在50%

的税额幅度内继续减征，六税即资源税、城市维护建设税、房产税、城镇土地使用税、印花税，两费即耕地占用税和教育费附加、地方教育附加。总体来讲，本次"六税两费"减免政策是对原有"六税两费"政策的扩围，体现四个特点：一是扩大适用主体范围；二是延续减免幅度；三是细化了小型微利企业的判定方法；四是持续简化办税流程[10]。

（3）融资支持。中小企业融资主要以外源性融资为主，包括吸引投资、商业信用、银行借款或民间借贷等[11]，而"融资难""融资贵""融资慢"一直是我国中小微企业长期面临的普遍现象，之前陆续颁布的信贷、债券、股权融资等多种鼓励融资政策，为企业平稳运行提供重要支撑，但市场经济下行，企业融资需求还是持续高位，投放回报时间间隔久、经营时间短、抵押资产少、信用资质不充足等问题始终存在，为解决以上问题，国家在"十四五"规划期间陆续发布多项融资鼓励政策。

提升信贷支持力度。鼓励金融机构使用信息化技术，改进信用审批流程和风险管理模式，充分发挥质押信息平台作用，加强小微企业无形资产的融资能力。

在首贷、续贷、信用贷、中长期贷款等模式下加大贷款规模与力度。联合国有银行、股份制商业银行、信托公司等担保机构完善风险分担机制，减少企业风险损失。

完善债券增信机制。适度降低债券回购质押库准入门槛，满足小微企业融资多样化需求，对于民营企业债券融资交易费用做到应免尽免。推行科技创新债券，鼓励中小微企业走创新道路。

鼓励上市挂牌融资。2021年7月，北京证券交易所开市，坚持服务创新型中小企业的市场定位，尊重创新型中小企业发展规律和成长阶段，提升制度包容性和精准性。首批81家北交所上市公司中有71家是新三板精选层企业平移而来，大部分属于行业细分领域的排头兵，部分企业在同行业中处于国内领先地位，或是下游国际国内重要企业的长期稳定供应商，其中17家为专精特新"小巨人"企业。证监会基于深化新三板改革的政策原则，为有上市或挂牌意向的专精特新中小企业提供全流程、全周期咨询服务，优化中小上市公司再融资机制，研究扩大分类审核适用范围。在区域性股权市场推广设立专精特新专板，探索为专精特新中小企业申请在新三板挂牌开辟绿色通道。

3. 聚力发挥产业集群长效应

"十四五"规划前，大部分扶持政策倾向于中小微企业从无到有，内部创新，独立发展，促使个体企业数量有明显增幅，进而不断形成产业集群的产生，对行业的经济发展和科技创新等方面有着较大作用，但就我国目前大多产业集群现状而言，部分地区也出现不合规不合理的现象，集群体系不完整、制度规定不明确等是急需解决的主要问题。在"十四五"规划出台后，我国进一步增强企业间互通互助，引导大企业带领小企业融通发展，根据相关政策意见，结合《关于推进以县城为重要载体的城镇化建设的意见》（以下简称《意见》），在2022年9月13日发布了《促进中小企业特色产业集群发展暂行办法》，《意见》的出台意味着中小企业特色产业集群首次有了明确制度与培育要求，针对集群协同发展起到了关键性扶持作用。

《促进中小企业特色产业集群发展暂行办法》中明确指出计划在"十四五"期间，全国范围内认定200个左右特色产业集群，引导和支持地方培育一批省级集群，这一目标的确立给了中小企业统一发展的信心。主要围绕提升集群主导产业优势、激发集群创新活力、推进集群数字化升级、加快集群绿色低碳转型、深化集群开放合作、提升集群治理和服务能力六大培育方向，制定了申报的三项基本要求和八项专项要求（图7）。值得注意的是，申报认定的集群应在县级区划范围内，并已认定成为省级集群。

图7　中小企业特色产业集群申报要求

来源：《促进中小企业特色产业集群发展暂行办法》工信部企业〔2022〕119号

有了产业集群由点到线、线到面的管理模式，能够有效提高同类企业间资源利用率，形成优质企业良性竞争，减少产业间内耗，通过联盟与平台扶持在创新培育、科技攻关方面快速突破，实现高效商业转换。但是不得不考虑的是，对于相对落后的集群来说更容易被领头集群淘汰，集聚发展产生较大竞争压力，就业人员也会出现批量流动等情况。

4. 全面打造高层次人才队伍

当前，中小企业飞速发展离不开人才的积累，但"招人难""留人难"的问题屡见不鲜，其原因分为企业自身因素，比如规模小、名气差、待遇低、强度大等方面，另外高阶技术人才多集中在北上广深等一线城市，跨区域寻才难度大。鉴于此，我国在多项政策中，倡导联合高校、科研机构、实训基地等地引进高端人才，呼吁各地省、市、县级地区制定符合当地实际情况的扶持政策措施。结合相关政策内容，可提取三个重点方向：

（1）供给。在高校设置专精特新中小企业招聘专场，适度扩大招聘范围，引进毕业学子填充企业技术岗位，参与重点项目建设，建立相互促进、科教融合的协同机制，促进知识学习与科学研究、能力培养的有机结合。

（2）协同。鼓励高校发挥智库作用、支持专精特新企业搭建科研攻关平台、开展专家服务专精特新中小企业行动等，鼓励引导高校、科研院所、大型国有企业各类专家服务专精特新中小企业，具体行动包括以专家服务团、博士后科技服务队等方式对接专精特新中小企业需求等[12]。

（3）培育。工信部采取实施专精特新中小企业经营管理人员专项扶持计划，对处于龙头骨干地位的高层管理人员采取集中培训。部分省级地方根据专精特新中小企业，针对有杰出贡献、评选获奖的优秀企业家采取给予现金奖励的鼓励措施，鼓励个人或团队参评科研创新成果等奖项，视贡献程度给予百万元现金奖励。从管理、技术、营销等多个层面，根据不同人才需求，制订不同企业培养方案，扭转人们对于中小企业传统认知，从而吸引新时代专业人才。

5. 助推产业链协同创新升级

工信部在 2018 年联合四部门发布了《促进大中小企业融通发展三年行动计划》，计划培育一批优质领航企业，但对于中小企业到小微企业的融通范围及融通力度还处于起步阶段，面对当前中小企业数量爆发式增长，需求倍增，当务之急是形成企业间高效协同的新融通模式，发挥大企业引领小企业的风向标作用。为了解决当下问题，工信部联合国家发展改革委、科技部、财政部等十一部门在 2022 年 5 月 16 日发布《关于开展"携手行动"促进大中小企业融通创新（2022—2025 年）的通知》，提出激发"七条链"的重点任务（图8），履行"四个一"的工作思路（图9）。

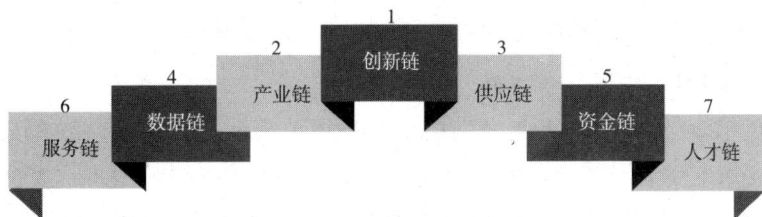

图 8 "七条链"的重点任务

来源：《关于开展"携手行动"促进大中小企业融通创新（2022—2025 年）的通知》（工信部联企业〔2022〕54 号）

创新链作为七链首链，意味着创新能力是企业发展融通的核心，资金、服务与人才是深化企业间融通的关键要素与重要支撑。中小企业自身存在成立时间晚、体量小、人才短

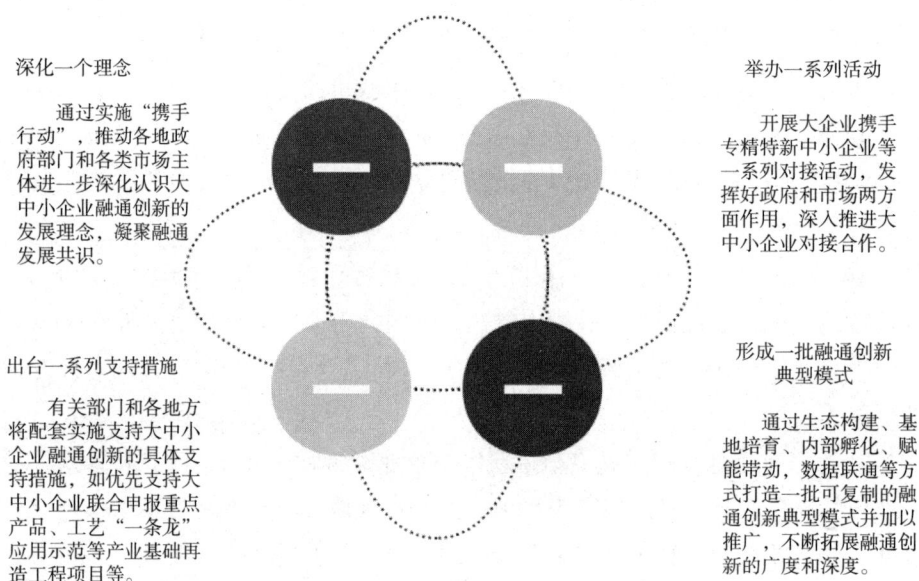

深化一个理念

通过实施"携手行动"，推动各地政府部门和各类市场主体进一步深化认识大中小企业融通创新的发展理念，凝聚融通发展共识。

举办一系列活动

开展大企业携手专精特新中小企业等一系列对接活动，发挥好政府和市场两面作用，深入推进大中小企业对接合作。

出台一系列支持措施

有关部门和各地方将配套实施支持大中小企业融通创新的具体支持措施，如优先支持大中小企业联合申报重点产品、工艺"一条龙"应用示范等产业基础再造工程项目等。

形成一批融通创新典型模式

通过生态构建、基地培育、内部孵化、赋能带动、数据联通等方式打造一批可复制的融通创新典型模式并加以推广，不断拓展融通创新的广度和深度。

图 9　"四个一"的工作思路

来源：《关于开展"携手行动"促进大中小企业融通创新（2022—2025 年）的通知》（工信部联企业〔2022〕54 号）

缺、可投入使用资金短缺等缺点，接连两政策的出台从帮扶角度出发，针对产业链薄弱环节，推动具有代表性企业带领中小企业配套需求攻破技术难点，共享智能制造技术，改善产品质量与生产效率，为此工信部在 2021 年特意明确将向大型骨干企业定向推荐不少于 1000 家"小巨人"企业，不少于 1500 项技术产品，提升产业链竞争力和抗风险能力。考虑到中小企业供应链资金单一且不稳定，国家鼓励品牌企业带动专精特新中小企业进行线上线下推广活动、交易活动，实现企业间信息共享，达到共赢目的。

在数字化经济急剧发展的今天，数字经济为中小企业发展带来前所未有的变革，提供换道超车的宝贵机遇[13]，商业模式创新成为领先企业数字化转型价值创造的重要方向，"数字化生态平台"成为产业变革与发展的新载体，企业应顺应政策导向，全面推进大数据、云计算和人工智能等技术的应用落地，打造新兴产业链条。

6. 践行绿色低碳可持续发展之路

进入 21 世纪 20 年代后，人类良性的生存环境成为各国的首要关注问题。在此背景下，在 2020 年第七十五届联合国大会上提出力争 2030 年前实现碳达峰，2060 年前实现碳中和的具体目标，绿色低碳转型也成为专精特新中小企业高质量发展的必经之路。

传统企业缺乏对于绿色价值观的认知，相对长期发展更关注短期收益，在产业链、供应链环节使用符合绿色低碳的原料、技术将极大提高运营成本，加剧运营风险，为此我国也在一揽子扶持政策中提及，通过建立健全碳核算和绿色金融标准体系、完善工业绿色发展信息共享机制、加强产融合作平台建设、创新绿色金融产品和服务、实行绿色金融改革创新试验区等举措[14]，持续优化集群能源消费结构，推广清洁能源应用，开展节能改造和绿色低碳技术改造，强化资源综合利用与污染防治，致力完善绿色制造体系（表7）。

表7　2021年至今中小企业部分政策目录

发布日期	政策目录
2021-01-23	财政部，工业和信息化部联合发布《关于支持"专精特新"中小企业高质量发展的通知》（财建〔2021〕2号）
2021-04-19	工业和信息化部办公厅关于开展第三批专精特新"小巨人"企业培育工作的通知（工信厅企业函〔2021〕79号）
2021-06-01	六部门《关于加快培育发展制造业优质企业的指导意见》（工信部联政法〔2021〕70号）工业和信息化部　科技部　财政部　商务部　国务院国有资产监督管理委员会　中国证券监督管理委员会
2021-06-04	财政部关于印发《中小企业发展专项资金管理办法》的通知财建〔2021〕148号
2021-07-02	工业和信息化部　科技部　财政部　商务部　国务院国有资产监督管理委员会　中国证券监督管理委员会关于加快培育发展制造业优质企业的指导意见（工信部联政法〔2021〕70号）
2021-11-19	国务院促进中小企业发展工作领导小组办公室关于印发提升中小企业竞争力若干措施的通知（工信部企业〔2021〕169号）
2021-11-19	《国务院促进中小企业发展工作领导小组办公室关于印发为"专精特新"中小企业办实事清单的通知》（工信部企业〔2021〕170号）
2021-12-11	关于印发"十四五"促进中小企业发展规划的通知（工信部联规〔2021〕200号）
2022-05-16	关于开展"携手行动"促进大中小企业融通创新（2022—2025年）的通知（工信部联企业〔2022〕54号）
2022-06-01	工业和信息化部关于印发《优质中小企业梯度培育管理暂行办法》的通知（工信部企业〔2022〕63号）
2022-06-15	工业和信息化部办公厅关于开展第四批专精特新"小巨人"企业培育和第一批专精特新"小巨人"企业复核工作的通知（工信厅企业函〔2022〕133号）
2022-09-13	工业和信息化部关于印发《促进中小企业特色产业集群发展暂行办法》的通知工信部企业〔2022〕119号

来源：国务院、工信部、中国中小企业发展促进中心

三、专精特新等优质中小企业评选标准

根据《优质中小企业梯度培育管理暂行办法》，将专精特新中小企业分为三个层级，分别为创新型中小企业、专精特新中小企业、专精特新"小巨人"企业（图10）。

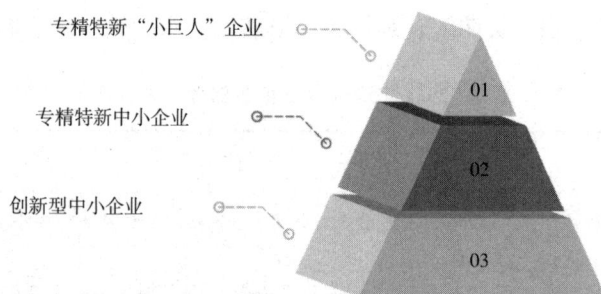

图10　优质中小企业梯度示意图

创新型中小企业、专精特新中小企业、专精特新"小巨人"企业评定标准见表8~表10。

（一）创新型中小企业

表8　创新型中小企业申报流程及认定标准

一、申报流程	
根据各省级中小企业认定评价标准，企业携相关材料、自证信息自愿登录所属地区平台系统申报。	
二、直通车指标（满足下列任意一项即可）	
1. 近三年内获得过国家级、省级科技奖励。	
2. 获得高新技术企业、国家级技术创新示范企业、知识产权优势企业和知识产权示范企业等荣誉（均为有效期内）。	
3. 拥有经认定的省部级以上研发机构。	
4. 近三年内新增股权融资总额（合格机构投资者的实缴额）500万元以上。	
三、认定评价指标（评价得分达到60分以上（其中创新能力指标得分不低于20分、成长性指标及专业化指标得分均不低于15分）	
A. 创新能力指标	
1. 与企业主导产品相关的有效知识产权数量（满分20分）	2. 上年度研发费用总额占营业收入总额比重（满分20分）
a. Ⅰ类高价值知识产权1项以上（20分）	a. 5%以上（20分）
b. 自主研发的Ⅰ类知识产权1项以上（15分）	b. 3%~5%（15分）
c. Ⅰ类知识产权1项以上（10分）	c. 2%~3%（10分）
d. Ⅱ类知识产权1项以上（5分）	d. 1%~2%（5分）
e. 无（0分）	e. 1%以下（0分）
B. 成长性指标	
1. 上年度主营业务收入增长率（满分20分）	2. 上年度资产负债率（满分10分）
a. 15%以上（20分）	a. 55%以下（10分）
b. 10%~15%（15分）	b. 55%~75%（5分）
c. 5%~10%（10分）	c. 75%以上（0分）
d. 0%~5%（5分）	
e. 0%以下（0分）	

C. 专业化指标	
1. 主导产品所属领域情况（满分 10 分） a. 属于《战略性新兴产业分类》（10 分） b. 属于其他领域（5 分）	2. 上年度主营业务收入总额占营业收入总额比重（满分 20 分） a. 70%以上（20 分） b. 60%～70%（15 分） c. 55%～60%（10 分） d. 50%～55%（5 分） e. 50%以下（0 分）

（二）专精特新中小企业

表 9　专精特新中小企业申报流程及认定标准

一、申报流程
已入选的创新型中小企业根据各省级中小企业认定评价标准，企业携相关材料、自证信息自愿提出申请。

二、认定条件（同时满足以下四项条件即视为满足认定条件）
（一）从事特定细分市场时间达到 2 年以上。 （二）上年度研发费用总额不低于 100 万元，且占营业收入总额比重不低于 3%。 （三）上年度营业收入总额在 1000 万元以上，或上年度营业收入总额在 1000 万元以下，但近 2 年内新增股权融资总额（合格机构投资者的实缴额）达到 2000 万元以上。 （四）评价得分（评价指标）达到 60 分以上或满足下列条件之一： 1. 近三年获得过省级科技奖励，并在获奖单位中排名前三；或获得国家级科技奖励，并在获奖单位中排名前五。 2. 近两年研发费用总额均值在 1000 万元以上。 3. 近两年新增股权融资总额（合格机构投资者的实缴额）6000 万元以上。 4. 近三年进入"创客中国"中小企业创新创业大赛全国 500 强企业组名单。

三、评价指标	
包括专业化、精细化、特色化和创新能力四类十三个指标，评价结果依分值计算，满分为 100 分。	
A. 专业化指标	
1. 上年度主营业务收入总额占营业收入总额比重（满分 5 分） a. 80%以上（5 分） b. 70%～80%（3 分） c. 60%～70%（1 分） d. 60%以下（0 分）	2. 近 2 年主营业务收入平均增长率（满分 10 分） a. 10%以上（10 分） b. 8%～10%（8 分） c. 6%～8%（6 分） d. 4%～6%（4 分） e. 0～4%（2 分） f. 0 以下（0 分）

3. 从事特定细分市场年限
 	
每满 2 年得 1 分，最高不超过 5 分。
	4. 主导产品所属领域情况
	
	  a. 在产业链供应链关键环节及关键领域"补短板""锻长板""填空白"取得实际成效（5 分）
	
	  b. 属于工业"六基"领域、中华老字号名录或企业主导产品服务关键产业链重点龙头企业（3 分）
	
	  c. 不属于以上情况（0 分）

B. 精细化指标	

1. 数字化水平（满分 5 分）
 	
  a. 三级以上（5 分）
 	
  b. 二级（3 分）
 	
  c. 一级（0 分）
	2. 质量管理水平（每满足一项加 3 分，最高不超过 5 分）
	
	  a. 获得省级以上质量奖荣誉
	
	  b. 建立质量管理体系，获得 ISO 9001 等质量管理体系认证证书
	
	  c. 拥有自主品牌
	
	  d. 参与制修订标准

3. 上年度净利润率（满分 10 分）
 	
  a. 10% 以上（10 分）
 	
  b. 8%~10%（8 分）
 	
  c. 6%~8%（6 分）
 	
  d. 4%~6%（4 分）
 	
  e. 2%~4%（2 分）
 	
  f. 2% 以下（0 分）
	4. 上年度资产负债率（满分 5 分）
	
	  a. 50% 以下（5 分）
	
	  b. 50%~60%（3 分）
	
	  c. 60%~70%（1 分）
	
	  d. 70% 以上（0 分）

C. 特色化指标	
地方特色指标。由省级中小企业主管部门结合本地产业状况和中小企业发展实际自主设定 1~3 个指标进行评价（满分 15 分）	
D. 创新能力指标	

1. 与企业主导产品相关的有效知识产权数量（满分 10 分）
 	
  a. Ⅰ类高价值知识产权 1 项以上（10 分）
 	
  b. 自主研发 Ⅰ 类知识产权 1 项以上（8 分）
 	
  c. Ⅰ 类知识产权 1 项以上（6 分）
 	
  d. Ⅱ 类知识产权 1 项以上（2 分）
 	
  e. 无（0 分）
	2. 上年度研发费用投入（满分 10 分）
	
	  a. 研发费用总额 500 万元以上或研发费用总额占营业收入总额比重在 10% 以上（10 分）
	
	  b. 研发费用总额 400 万~500 万元或研发费用总额占营业收入总额比重在 8%~10%（8 分）
	
	  c. 研发费用总额 300 万~400 万元或研发费用总额占营业收入总额比重在 6%~8%（6 分）
	
	  d. 研发费用总额 200 万~300 万元或研发费用总额占营业收入总额比重在 4%~6%（4 分）
	
	  e. 研发费用总额 100 万~200 万元或研发费用总额占营业收入总额比重在 3%~4%（2 分）
	
	  f. 不属于以上情况（0 分）

续表

3. 上年度研发人员占比（满分5分）	4. 建立研发机构级别（满分10分）
a. 20%以上（5分）	a. 国家级（10分）
b. 10%~20%（3分）	b. 省级（8分）
c. 5%~10%（1分）	c. 市级（4分）
d. 5%以下（0分）	d. 市级以下（2分）
	e. 未建立研发机构（0分）

（三）专精特新"小巨人"企业

表10 专精特新"小巨人"企业申报流程及认定标准

一、申报流程
已入选的专精特新中小企业根据各省级中小企业认定评价标准，企业携相关材料、自证信息自愿提出申请。
专精特新"小巨人"企业认定需同时满足专、精、特、新、链、品六个方面指标。
二、专业化指标
坚持专业化发展道路，长期专注并深耕于产业链某一环节或某一产品。截至上年末，企业从事特定细分市场时间达到3年以上，主营业务收入总额占营业收入总额比重不低于70%，近2年主营业务收入平均增长率不低于5%。
三、精细化指标
重视并实施长期发展战略，公司治理规范、信誉良好、社会责任感强，生产技术、工艺及产品质量性能国内领先，注重数字化、绿色化发展，在研发设计、生产制造、供应链管理等环节，至少1项核心业务采用信息系统支撑。取得相关管理体系认证，或产品通过发达国家和地区产品认证（国际标准协会行业认证）。截至上年末，企业资产负债率不高于70%。
四、特色化指标
技术和产品有自身独特优势，主导产品在全国细分市场占有率达到10%以上，且享有较高知名度和影响力。拥有直接面向市场并具有竞争优势的自主品牌。
五、创新能力指标（满足一般性条件或创新直通条件）
A. 一般性条件。需同时满足以下三项：

1. 划分要求	
上年度营业收入总额	近两年研发费用总额占营业收入总额比重
1亿元以上	≥3%
5000万元至1亿元	≥6%
5000万元以下，且新增股权融资总额（合格机构投资者的实缴额）8000万元以上	3000万元以上，且研发人员占企业职工总数比重50%以上

续表

2. 自建或与高等院校、科研机构联合建立研发机构，设立技术研究院、企业技术中心、企业工程中心、院士专家工作站、博士后工作站等。
3. 拥有 2 项以上与主导产品相关的 I 类知识产权，且实际应用并已产生经济效益。
B. 创新直通条件。满足以下一项即可：

1. 近三年获得国家级科技奖励，并在获奖单位中排名前三。	2. 近三年进入"创客中国"中小企业创新创业大赛全国 50 强企业组名单。

六、产业链配套指标
位于产业链关键环节，围绕重点产业链实现关键基础技术和产品的产业化应用，发挥"补短板""锻长板""填空白"等重要作用。

七、主导产品所属领域指标
主导产品原则上属于以下重点领域：从事细分产品市场属于制造业核心基础零部件、元器件、关键软件、先进基础工艺、关键基础材料和产业技术基础；或符合制造强国战略十大重点产业领域；或属于网络强国建设的信息基础设施、关键核心技术、网络安全、数据安全领域等产品。

四、前四批专精特新"小巨人"企业总体情况

（一）数据统计

据工信部有关数据统计，目前我国已培育四批重点专精特新"小巨人"企业，全国数量达 8997 家，848 家制造业单项冠军企业、5 万多家专精特新企业，已经达成 2025 年培育 1 万家专精特新"小巨人"企业的目标。以浙江为首，三批专精特新"小巨人"企业数量达到 288 家（图 11）。

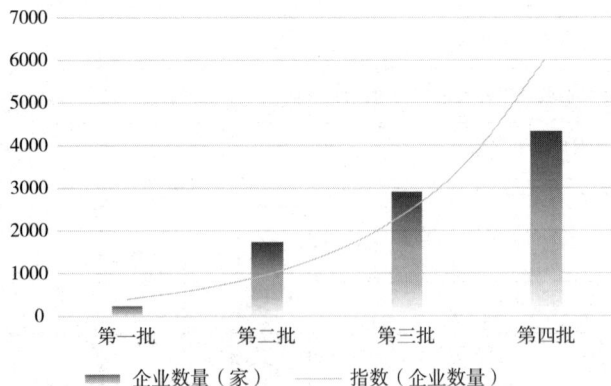

图 11　前四批专精特新"小巨人"企业增长趋势

来源：国家统计局、国务院、工信部

2021 年，专精特新"小巨人"企业营业收入总额超 3.7 万亿元，同比增长 31.5%，比规上中小工业企业高 11.6 个百分点；利润总额近 0.4 万亿元，平均每户企业利润 4000 万元，是规上中小企业的 3.4 倍（图 12）。

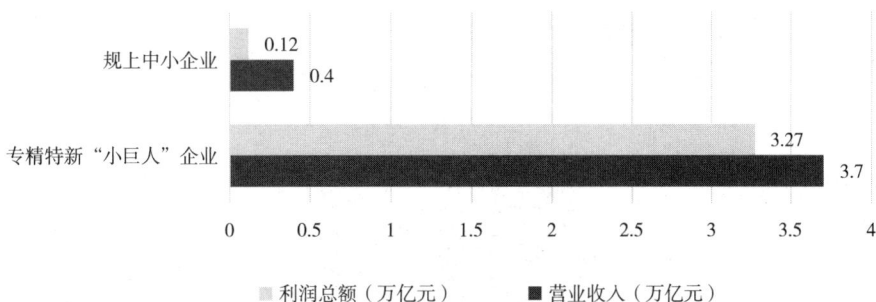

图 12　2021 年专精特新"小巨人"企业营业数据

来源：中国证券业协会

细分到各个城市来说，中小企业发展环境决定企业发展速度与质量，我国为推动中小企业平稳健康发展，选取 4 个直辖市、5 个计划单列市和 27 个省会城市，共计 36 个典型城市作为评估对象，由市场环境、法治环境、融资环境、创新环境、政策环境五个一级指标，21 个二级指标和 37 个三级指标构成。截至 2021 年，从发展环境评估上海、深圳、广州、北京、南京位居前五。同比 2020 年度，五项一级指标结果都略高于上年度，其中融资环境、政策环境指标增长较为明显，增长率达到 12.4%、15.42%（图 13）。

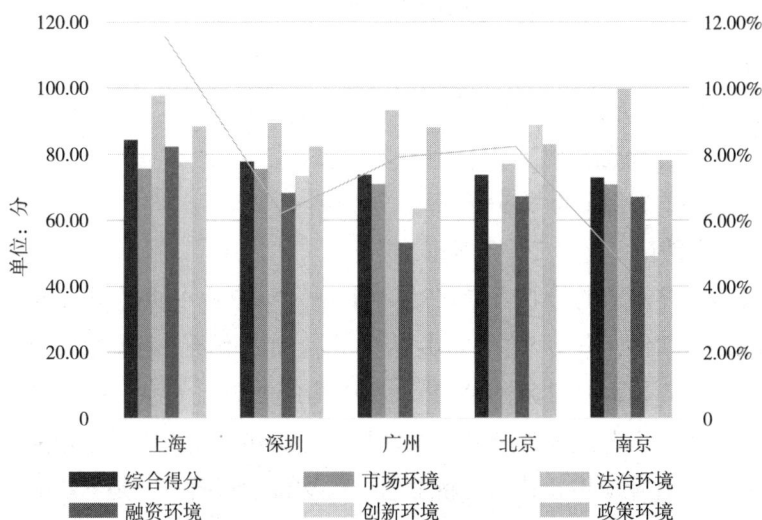

图 13　2021 年度中小企业发展环境评估得分前五及改善情况

来源：工信部

我国根据社会经济发展态势与宏观调控战略需求，多年来颁布一系列惠企扶企政策，参评城市也依据各省级当地情况完善组织领导及议事协调机制，推动产业政策向功能性和普惠化转型，提高中小企业公共服务质量，获得企业满意度（图14）。46.01%的样本企业对惠企政策落实情况感到非常满意，41.92%的企业感到满意，其中，企业对减税降费政策和行政审批制度改革满意度最高。

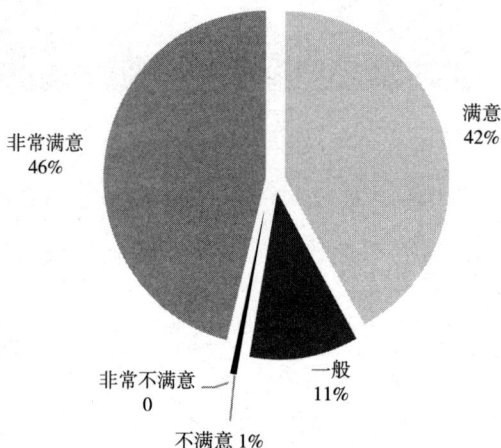

图14　惠企政策落实情况满意度

来源：工信部

（二）企业特征

专精特新"小巨人"企业具有"5678"的特征：

①超五成企业研发投入在1000万元以上；

②超六成企业属于工业基础领域；

③超七成企业深耕行业10年以上；

④超八成企业居本省细分市场首位。

"小巨人"企业具有3类"专家"特征：

一是深刻理解用户需求的行业"专家"，"小巨人"企业以高质量满足用户需求为目标，在细分领域深耕细作，有1/5的"小巨人"企业国内市场占有率超过50%；

二是掌握关键核心技术的配套"专家"，在中国的上天、入海、探月、高铁等大国工程中，都能找到"小巨人"企业的产品，大多数企业都在为龙头骨干企业配套；

三是"小巨人"企业应用新技术、新工艺、新材料、新模式，是不断迭代产品和服务的创新"专家"。

五、政策展望

专精特新中小企业在我国经济社会发展中扮演着重要角色，大力发展专精特新中小企业是贯彻新发展理念推动高质量发展的重要内容。当前，全球经济形势处于下行趋势，我国规模以上中小工业企业总体上进入发展瓶颈期，不能适应当前经济社会发展要求、转型能力不足且转型步伐滞后是中小企业普遍面临的问题。党的二十大报告指出，要着力推进高质量发展，构建高水平社会主义市场经济体制，充分发挥市场在资源配置中的决定性作用，更好发挥政府作用。将继续深化"放管服"改革，建设高标准市场体系，优化营商环境。完善中国特色现代企业制度，弘扬企业家精神，加快建设世界一流企业。支持中小微企业发展。要坚持把发展经济的着力点放在实体经济上，实施产业基础再造工程和重大技术装备攻关工程，支持专精特新企业发展，推动制造业高端化、智能化、绿色化发展。中国经济正在经历的结构性变革，是一个复杂化的市场探索和试错过程，其韧性得以增强、效能得以提高，必须弘扬企业家精神，激发企业活力、创造力。未来我国增强中小企业盈利水平，发挥好中小企业增长拉动和就业带动作用，关键在于推动中小企业适应当前经济发展变化，加快中小企业转型升级，创新引领中小企业朝专精特新方向发展，提升企业内生增长能力。在全面建设社会主义现代化国家新征程上，推进专精特新中小企业高质量发展的政策环境将更加优化，专精特新中小企业的创新活力将进一步激发，可持续发展能力将进一步增强。

参考文献

[1] 姚洁，杨淑艳，王来玉. 美国中小企业发展的历史和现状分析[J]. 商业时代，2010 (2): 77-78.

[2] 侯云春. 坚定不移地走质量效益型发展道路[J]. 经济工作通讯，1997 (23): 7-9.

[3] 新华社. 习近平致2022全国专精特新中小企业发展大会的贺信[EB/OL]. 2022.

[4] 国务院. 关于鼓励和促进中小企业发展若干政策意见的通知[EB/OL]. 2000.

[5] 李文清，贾岷江. 基于聚集经济的产业集群理论模型[J]. 财经科学，2006 (12): 53-58.

[6] 江小涓，靳景. 中国数字经济发展和回顾与展望[J]. 中共中央党校（国家行政学院）学报，2022，26 (1): 69-77.

[7] 工信微报. "新时代工业和信息化发展"系列新闻发布会第三场[EB/OL]. 2022.

[8] 人民资讯. 两会丨全国人大代表杨铿：关注"专精特新"中小企业发展 促进企业步入"快车道"[EB/OL]. 2022.

[9] 侯冠宇，虎琳. 我国区域政策对促进中小企业发展的效果研究[J]. 价格理论实践，2022 (4): 168-172，208.

[10] 国家税务总局财产和行为税司. 小微企业"六税两费"减免政策解读[EB/OL]. 2022.

［11］徐欢.我国中小企业融资困难的财政支持研究［J］.现代营销（上旬刊），2022
（5）：82-84.

［12］36氪.人才为王："专精特新"企业的人才困境与"搏击"［EB/OL］.2022.

［13］周适.中小企业发展面临的趋势、问题与支持战略研究［J］.宏观经济研究，2022
（7）：163-175.

［14］工业和信息化部，人民银行，银保监会，等.关于加强产融合作推动工业绿色发展
的指导意见［EB/OL］.2021.

实施知识产权战略　提升中小企业竞争能力

李晓君

中国纺织建设规划院

纺织工业是国民经济与社会发展的支柱产业、解决民生与美化生活的基础产业、国际合作与融合发展的优势产业，是我国制造业进入强国阵列第一梯队的产业，具有较强产业链整体竞争力。纺织行业中绝大多数是中小微企业，容纳了众多就业人员，不仅为国家改善民生、扩大就业贡献了巨大力量，而且为企业促进创新、保持发展韧性和创造活力贡献了重要力量。近年来，为了进一步提升纺织行业中小企业竞争能力，中国纺织工业联合会协同工业和信息化部开展了专精特新、中小企业公共服务示范平台等工作，鼓励、支持和服务行业内中小企业走专精特新发展之路。

中小企业走专精特新发展道路是转型升级传统产业、培育发展战略新兴产业、激发创新活力和市场竞争力的有效途径。引导中小企业走专精特新发展道路对增强企业市场竞争力，实现企业持续高质量发展具有重要意义。而中小企业走专精特新发展之路，实施企业知识产权战略是非常重要的一环。截至2022年10月，中国纺织工业联合会共公布了三批总计270家行业内专精特新中小企业名单。这270家企业大多在实施知识产权战略方面做得较好，保持着持续较高的创新投入和注重创新成果的保护，是行业内中小企业中的优秀代表。

一、纺织行业专精特新企业知识产权战略实施情况

根据2019年的企业数据，汇总第一、第二、第三三批纺织行业专精特新企业的主要指标来看，270家企业共计拥有职工总数75543人，其中设计研发人员10834人，设计研发人员占比为14.34%。销售总收入计746.31亿元，企业平均销售收入2.76亿元，完成销售利润共计55.29亿元，企业平均销售利润率达7.41%，高于纺织行业平均水平。

这些入围的专精特新企业注重提升自身核心竞争力，在人才引进、设计研发和信息化建设等方面有连续高强度的投入。第一、第二批171家纺织行业专精特新企业2018年、2019年分别完成设计研发投入14.48亿元和15.56亿元，年增长率7.49%。2018年、2019年信息化投入分别为1.79亿元和2.42亿元，年增长率34.46%。2018年和2019年研发投入强度分别为3.91%和3.72%（表1）。

第1　第一、第二批纺织行业专精特新企业研发及信息化投入

项目	2018 年	2019 年
员工总数（人）	46189	47402
研发设计人员数（人）	6195	6810
总销售收入（万元）	3699589.77	4180359.31
销售利润（万元）	283193.65	364383.83
设计研发投入（万元）	144758.15	155598.00
信息化投入（万元）	17980.21	24175.49
设计研发人员占比（%）	13.41	14.37
销售利润率（%）	7.65	8.72
研发投入强度（%）	3.91	3.72
信息化投入强度（%）	0.49	0.58
企业数量（家）	171	171

第三批 99 家纺织行业专精特新企业 2019 年、2020 年、2021 年完成设计研发投入分别为 9.697 亿元、13.627 亿元、16.952 亿元，年均增长率达 32.46%。三年的信息化投入分别为 1.63 亿元、2.29 亿元、2.45 亿元，年均增长率为 23.81%。三年的研发投入强度分别为 2.95%、4.19% 和 3.35%（表 2）。

表 2　第三批纺织行业专精特新企业研发及信息化投入

项目	2019 年	2020 年	2021 年
员工总数（人）	28141	28179	29617
研发设计人员数（人）	4024	4317	4670
总销售收入（万元）	3282797.847	3255867.53	5062823.153
销售利润（万元）	188580.87	231394.19	306104.56
设计研发投入（万元）	96970.64	136268.9	169524.39
信息化投入（万元）	16303.26	22880.67	24549.11
设计研发人员占比（%）	14.30	15.33	15.77
销售利润率（%）	5.74	7.11	6.05
研发投入强度（%）	2.95	4.19	3.35
信息化投入强度（%）	0.50	0.7	0.48
企业数量（家）	99	99	99

纺织工业和制造业企业研发投入强度,见表3。由表可知,2018年,R&D经费支出纺织工业占制造业3.76%;2019年,R&D经费支出纺织工业占制造业3.66%;2020年,R&D经费支出纺织工业占制造业3.18%。

表3 纺织工业和制造业企业研发投入强度

第四次经济普查规模以上工业企业法人单位R&D①活动	2018年		2019年		2020年	
	R&D经费支出(亿元)	R&D经费投入强度(%)	R&D经费支出(亿元)	R&D经费投入强度(%)	R&D经费支出(亿元)	R&D经费投入强度(%)
纺织业	255.4	1.01	265.9	1.11	231.4	0.99
纺织服装、服饰业	103	0.6	105.6	0.66	105.8	0.76
化学纤维制造业	112.1	1.3	123.7	1.44	132.4	1.66
纺织工业合计	470.5	0.94	495.2	1.00	469.6	1.04
工业	12954.8	1.23	13971.1	1.32	15271.3	1.41
制造业	12514.4	1.33	13538.5	1.45	14783.8	1.54

①R&D是指全社会研究与发展。

由图1可知,第一、第二、第三批270家纺织行业专精特新企业研发投入强度远高于纺织行业及制造业平均水平。纺织行业专精特新企业在人才培养、研发设计、生产制造、信息化等领域舍得持续加大投入资金和资源,经济效益高于行业平均水平,产生了较好的创新示范效果。

图1 纺织专精特新企业与行业及制造业研发投入强度比较

根据天眼查数据整理统计,截至2021年10月,第一、第二、第三批270家纺织行业专精特新企业拥有发明专利5635件,实用新型专利8071件,外观设计专利4913件,国际专利2件,总共拥有专利18621件。其中,96.3%的企业都进行了专利布局(图2)。

根据数据统计,拥有11~50件专利的企业最多,有140家,占51.85%。企业专利数量在51件及以上的有98家,占比36.30%。其中拥有专利数量101件及以上的企业39家,占比14.44%。发明专利方面,85.93%的企业拥有发明专利,拥有1~10件及21~50

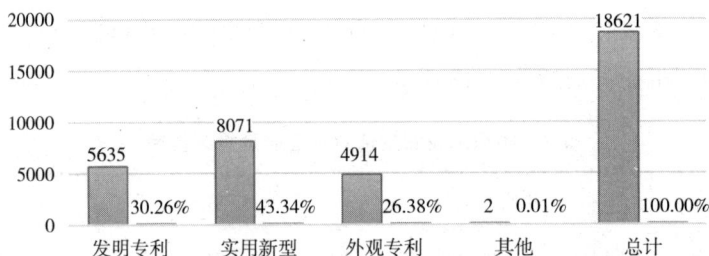

图2　第一、第二、第三批纺织行业专精特新企业专利分类情况

件发明专利的企业数量居多，分别占 38.52% 和 24.81%。拥有 51 件及以上发明专利的企业数量占 7.78%（图3、图4）。

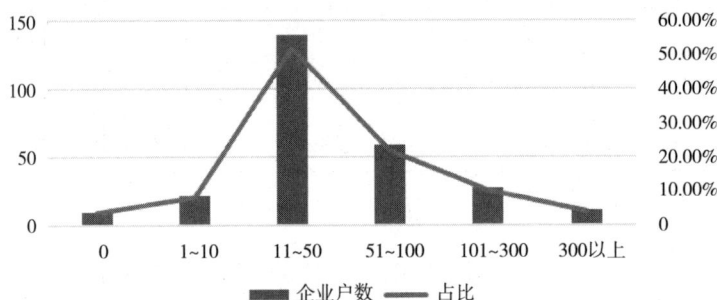

图3　第一、第二、第三批纺织行业专精特新企业拥有专利情况

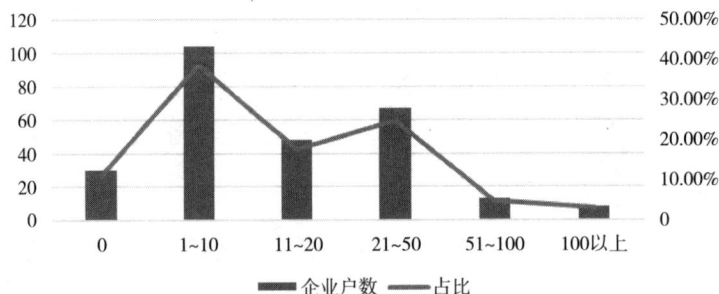

图4　第一、第二、第三批纺织行业专精特新企业拥有发明专利情况

以上数据显示，纺织行业专精特新中小企业对知识产权的重视程度较高，绝大部分企业拥有发明专利，对企业的知识产权进行了合理的布局。这些专精特新企业在发展过程中，注重持续加大研发投入，实施企业知识产权战略，注重对企业知识产权保护、运用和管理，积极推进企业技术创新，以创新推动企业高质量发展。

中小企业是促进我国国民经济发展和社会进步的生力军，因此，在技术创新研发、知识产权保护、知识产权运用等方面应获得更多的政策和资源支持，中小企业的快速发展必将带动国家经济更好地整体升级。而对中小企业自身而言，应该实施适合本企业发展的知识产权战略，充分整合内外部优秀资源，深入技术创新，对企业知识产权有效管理、运用和保护，不断提升企业竞争能力，从而促进企业持续发展壮大。

二、中小企业实施知识产权战略的意义

企业发展战略包括企业知识产权战略，制定战略的目的是为目标服务，获得市场价值、经济效益是企业的目标，实施知识产权战略是促进实现企业目标的手段之一，通过对知识产权的创造、保护、运用和管理，最大限度地发挥知识产权的作用，推进企业更好地获得市场价值和经济效益，进而实现企业高质量发展。加强和实施中小企业的知识产权战略，有以下几个方面的意义：

提高企业的核心竞争力。当下，企业拥有知识产权的优势，在激烈的市场竞争环境中，越来越突出，知识产权战略能够为企业科学决策提供支持，加强企业管理，建立并实施知识产权战略能够提高企业核心竞争力。加强知识产权保护，可以保障企业专享知识产权带来的市场效益，制止其他企业的剽窃模仿，防止侵权风险，从而为企业的核心竞争力提供保障。

为企业提高利润。工业知识产权在企业生产经营过程中，可以形成企业的核心竞争力，有助于企业获得不同于其他企业的品牌形象和企业形象，企业生产销售自主开发的专享知识产权的优良产品，会更容易获得消费者青睐，增加消费者的品牌认可度，提高企业产品市场定价能力，因此更有利于提高企业利润。

充分利用政府政策红利和行业协会的专业服务。我国对专精特新中小企业的政策支持，由一开始鼓励支持引导到现在的给予财政奖励补贴，从作为推进中小企业高质量发展的一项举措到增强整个产业链供应链的稳定性和竞争力，专精特新政策更加完善和成熟。目前，政府推出了一系列政策奖励支持办法，从技术创新、知识产权、设备升级、税务减免等方面，大力支持帮助中小企业的发展，特别是支持专精特新中小企业的发展，鼓励企业用知识产权保护技术创新成果。中小企业实施知识产权战略，走专精特新发展之路，可以获得国家政策上的大力支持和行业协会的专业服务。

国家经济高质量发展的需要。我国经济的重要组成部分是中小企业，这些中小企业对经济起着无可替代的作用，特别是对于盘活经济资源、发展经济发挥了重要作用。中小企业发展的关键驱动力是靠科技创新，加快推进中小企业知识产权战略，也是深入落实国家实施创新驱动发展战略的主要内容，通过提升中小企业知识产权创造、运用、保护和管理能力，大幅推进中小企业的核心竞争力和高质量发展，从而实现国家经济高质量发展。

适应经济全球化的需要。在经济全球化时代，知识产权成为重要的财富、重要的无形资产。许多发达国家的企业，都把知识产权战略置于企业发展的核心战略层面。企业推进知识产权战略，可以帮助其在国际贸易中减少贸易壁垒，防范竞争对手滥用知识产权，进而在激烈的全球化贸易竞争中，获得更多生存和发展的机会。

三、中小企业实施知识产权战略存在的问题

改革开放以来，特别是加入世贸组织以来，中小企业在推进知识产权战略方面做了大量工作，也取得了显著成效，但从总体看，我国中小企业在科技创新能力、知识产权保护、运用和管理方面存在如下问题：

（一）技术创新方面

中小企业技术创新的动力不足。改革开放以来，我国从计划经济体制转向社会主义市场经济体制，运行模式发生了根本性转变，市场的作用在经济和科技创新运行中日益增强，科技与市场脱节的状况有一定改观，技术创新的重心也逐渐从科研院所部分转移向企业。但是以企业尤其是中小企业为主要群体的技术进步与创新机制还未有效形成，主要体现在：中小企业在发展过程中由于受本身科技能力和资金实力所限，基本是引进技术比较多，应用技术开发比较少，缺少企业自有创新；企业开展创新的意愿很大程度上与企业家个人特质、追求和经营理念密切相关。企业家是创新的发动者，这就需要建立把企业创新风险与收益、企业持续发展和企业家等几方面结合起来的一套完整创新机制。这套机制主要的作用就是确保企业、发明者和企业家能够从创新中获得回报，回报越大，创新就越具有强大的动力，相反企业就缺少创新的动力。

企业创新意识不强。企业家精神的实质和特征就是企业家个人对于创新及管理的理解。部分中小企业的企业家对企业文化及推动创新能力发展的理念缺少重视，特别是在生产管理全过程中，没有合理地进行引导和支持把创新融入其中，这些不仅会制约创新活动推进，更让中小企业缺少内部的创新意识。另外，中小型企业中有部分的企业满足于现状，创新缺乏意识，觉得企业最主要的还是有客户，能赚钱，没必要去花费大量的资金搞创新。这造成部分中小企业对企业的技术改造和创新并不重视，对创新的重要性没有正确的认识。

缺少技术创新资金。我国中小企业大多为县（市）级工业企业和乡镇企业，基本是依靠财政支持和银行贷款成长起来的，技术研发资金主要是由企业自身承担。一般情况下，中小企业债务负担比较重，有些企业甚至资不抵债仍要超负荷经营，企业一方面需要偿还债务和银行利息，另一方面还要缴纳税金，剩余的利润微薄甚至出现负利润，因此企业基本上没有能力再筹集技术创新的投入资金。因为缺少必要的资金投入，造成企业无法推动技术创新活动，严重地阻碍了中小企业的技术进步。另外，相对于大型企业，中小企业在融资方面处于更不利的地位，要负担更大的资金成本，承担更大的投资风险以及其他不平等的竞争条件，这些都极大地增加了中小企业筹集技术创新资金的难度。

缺少技术创新人才。创新的基础是人才，中小企业往往出于成本的原因，人才短缺的问题普遍突出。一方面是中小企业招聘需要的人才困难。不管是工作重复性高、技术要求较低的操作型研发岗位，还是要求高知识与丰富经验的主要研发岗位，中小企业都很难在劳动报酬和长期职业发展预期上，为人才提供有竞争力和诱惑力的条件。另一方面是中小

企业留住人才困难。与大型企业相比，中小企业所能给予人才的劳动报酬、福利待遇等条件方面，以及人才在企业文化、员工归属感、社会地位等的感受认可度方面缺少竞争力，因此造成企业人才短缺。研发人才离职可能会给企业技术创新造成严重的问题，比如泄露企业核心技术和商业秘密等，也有可能使创新项目被迫中止或延期。

（二）知识产权保护方面

一些发达国家的企业十分重视对知识产权的保护，相应地，因为知识产权受到很好的保护，企业增强了获利能力，在市场竞争中取得了明显的发展。但我国中小企业对知识产权的保护仍缺乏力度，保护范围覆盖不够全面，存在的主要问题有以下几方面。

缺乏知识产权保护意识。我国实行计划经济的时间较长，使一些中小企业适应市场经济体制反应缓慢，很多企业注重对有形资产的保护，而对企业知识产权的保护意识淡薄，主要原因就是没有从根本上认识到新经济形势下知识产权对企业发展的关键作用。大多传统企业把关注的重点放在资产的积累与实力的增长上，而对投入大量资金、精力开发出的先进技术，没有及时通过知识产权管理来加以保护，即便研究出的科技成果处于领先国内水平，也发表了该成果论文，在成果公开后，被其他企业窃取，造成巨大的经济损失。长期以来，中小企业缺少知识产权保护意识的状况，严重制约了其本身长期、健康、高质量发展。

中小企业知识产权保护能力不足。中小企业大多是由家族式企业起家，企业的创立者往往牢牢地掌握着企业的控制权，这些企业家一般是靠个人经验来决定某项技术是否需要投入资金创新和改进，缺乏具有专业、理性分析的科学决策机制。因为企业控制者对知识产权保护意识的缺乏，导致很多中小企业没有成立专业队伍保护知识产权，没有建立知识产权管理制度，没有对知识产权有效的规划、开发、管理和利用，造成其科技成果没有得到很好的保护。由于没有建立起知识产权的保护体系，当受到侵权时，中小企业一般不能及时发觉，进而及时搜集证据，结果造成通过法律途径维护自身权益变得非常困难，最终很可能给企业造成巨大损失。

缺少知识产权专业人才。在我国中小企业组织结构中，很多企业没有建立知识产权管理部门，也缺少知识产权方面的专业人才。特别是企业在经过一定时期的成长后，要实现进一步的发展就必须通过创新来完成，走创新之路的中小企业如果缺少专业的知识产权管理人才，开发出来的研究成果没被有效保护，企业商业机密就有被泄露的风险。当企业发生知识产权侵权问题，一般会找代管企业或者交给专业律师来进行处理，企业没有自己的知识产权管理人员，遇到知识产权被侵权只能被动处理，无法及时通过法律手段来有效维护本企业合法权益，这些问题的产生都和企业缺少知识产权专业人才有关。

知识产权严重流失。由于我国中小企业长期不够重视对知识产权保护，因此造成了知识产权流失严重的问题。如果中小企业对科研人才的激励措施缺少竞争力，很容易产生专业技术人才的流失。一些中小企业对知识产权的重要价值认识不够，没有对其进行专业的价值评估。对于中小企业来说，企业资产除了有形的固定资产，作为无形资产的知识产权也是十分重要的企业资产，由于未能对企业知识产权做出专业的价值评估，造成知识产权价值可能被严重低估，因而无法激发出知识产权对企业发展的重要作用。

（三）知识产权运用方面

随着我国经济的快速发展，相应的知识产权制度也在不断完善，在企业经营管理中，实施知识产权战略也越来越被放到突出的位置。知识产权战略中的创造、保护、运用和管理之间是相互促进的关系，知识产权的运用离不开知识产权的保护和管理，而运用知识产权的目的就是为企业获得更好的效益，进而为企业再创新创造条件。企业知识产权管理的一种形式就是知识产权的运用，知识产权作为企业重要的无形资产，在企业的经营管理中发挥着越来越关键的作用。

企业对自身知识产权的运用，能反映出本企业对其已有的知识产权资产在实现企业目标价值中所能产生的最大作用。知识产权可以成为企业获得价值的一种手段，从而在企业增值过程中发挥积极作用。因此，企业知识产权运用是企业在知识产权战略中的非常关键的一个环节，企业的研发创新以及可持续、高质量发展都与它息息相关。

当前和今后一个时期，我国对知识产权战略制定相关政策的方针是：积极创新、依法保护，有效运用和科学管理。企业知识产权战略中最为重视的终极目标是有效运用，有效运用的基础保障是依法保护和科学管理，维持有效运用知识产权的原动力来自积极创新。因此，有效运用既是国家也是企业的知识产权战略实施重点目标。

现阶段，以创新为主要特点的科技型中小企业为地区经济增长发挥了重要作用，并且已经逐渐发展成为我国经济的重要力量。知识产权作为中小企业的重要资产，是推动中小企业自身发展的关键因素。但是企业运用知识产权的能力决定了知识产权价值转化的效果。就我国现状来看，中小企业运用知识产权的能力还普遍较低，这也制约了企业的快速发展。做大做强中小企业的途径有很多，其中，通过提升知识产权运用能力，使其知识产权转化出更大价值，进而增强竞争能力是企业快速发展的一个有效措施。

（四）知识产权管理方面

企业对知识产权管理的目的是通过有效管控，让知识产权为企业获取更高价值，使知识产权的运用、保护和创造达到企业知识产权战略预定的目标状态。如何有效管理知识产权运用、保护与创造等环节成为企业必须要尽快解决的问题。目前中小企业在知识产权管理方面主要存在以下一些问题：

一是缺少知识产权管理部门。知识产权管理是一项专业性比较强的工作，企业对其核心产品技术、创新成果或知识产权进行有效保护，需要成立专门的知识产权管理部门，配备相应的专业人员。一些相对较大规模的企业通常情况下都设有知识产权管理部门，但是对于一些较小规模的企业来说，出于成本考虑，很多没有设立专门的部门。随着我国中小型企业技术创新能力的不断增强，越来越多的企业涉及知识产权事务数量也在快速增长，在这种情况下，如果没有一个专业的知识产权管理部门，就不能确保知识产权发挥出其应有的经济价值，甚至可能产生侵权等问题，对企业核心竞争力的提升造成不利影响。

二是需要建立健全知识产权管理制度。企业要想保护好知识产权，使管理更加高效，建立相应的管理制度是前提，在此基础上，还要根据企业的类型和特点完善相应的管理机制。但是从我国目前企业的知识产权管理实际情况来看，很多企业还没制订与本企业特点相适应的知识产权管理制度，即便有的企业制订了相关制度，在实施上也没有给予足够的重视，制度内容所涉及的范围也不够完善和全面，因此，造成企业在知识产权管理过程中很容易出现问题，甚至会出现企业自身的创新成果被泄密、相关技术成果资料被泄露等严重的情况，给企业造成不可挽回的损失。

四、解决问题的措施和建议

（一）对技术创新的措施和建议

提升技术创新动力。加大国家对中小企业技术创新的政策法规支持。政府在对中小企业制定政策法规时，要从中小企业的实际需求出发，以扶持服务为目的，更好地促进中小企业走科技创新的发展之路。制定适合推进中小企业技术创新的政策法规文件，明确创新科技成果转化激励的支持政策，在宏观政策上为企业新产品开发及投入市场引导方向。制定和完善保护中小企业知识产权的相关法律法规，加强对其知识产权的保护。政府要在财税政策上为中小企业提供更多支持，降低中小企业融资门槛，建立中小企业贷款风险财政准备金，这样金融机构能够减少对中小企业贷款的风险，提高其为中小企业提供贷款的积极性。设立鼓励中小企业科技创新的补贴资金，对于效果突出的创新技术给予资金补贴支持，提高企业进行技术创新的积极性。

加强创新型企业文化的建设，提高企业全员创新意识。中小企业要获得长远发展，需要打破传统的定式思维，对原有工作理念不断深化和优化，并且根据市场发展需要为企业树立正确的发展导向，从而不断推动中小企业的良性健康发展。同时加强企业家精神的建设。企业家不仅是企业的领路人，还是企业的实践者。而中小企业面临的市场环境瞬息万变，作为他们的领路人更应该具备审时度势的能力，因此，中小企业的企业家更多是亲自参与创新活动，这样一方面更有利于保障决策的实施，另一方面也更方便企业家掌握最新的市场动态。由于中小企业一般规模不大，机制高效灵活，所以在建设创新型企业文化上有一定优势，那就是不断调动员工的创新积极性和热情，集思广益，使每一位员工都成为企业创新活动的一部分，营造强烈的创新型企业文化环境。

提高中小企业融资能力，在资金上为中小企业技术创新给予支持。影响中小企业技术创新的主要问题是缺乏创新资金的支持，因此要进一步完善中小企业融资制度。一是拓宽其融资渠道，可以增设专为中小企业提供金融服务的机构，各商业银行也可以设立中小企业信贷服务部，为中小企业的创新发展提供充分的资金支持。二是完善风险投资体系，通过政府政策支持，培养风险投资的主体，进而形成更多对企业技术创新项目的风险投资和与之相应的相对完善的风险投资市场体系。三是加大力度开拓资本市场，探索拓展为中小企业直接融资的渠道。政府可以探索推行允许信誉良好的中小企业开展社会融资，比如债券发行方面要给予政策支持，使中小企业能够及时获取技术创新所需资金。

完善国家和地方人才政策改善创新人才短缺问题。首先，要不断完善我国职业教育体系，推进教育改革，为产业技术创新培养输送人才，为我国产业技术创新提供足够的人力资源。其次，在国家层面的人才政策中，要加大对中小企业优秀人才、杰出人才、技术专家等的选拔比例，提高此类人才精神和物质的激励。再次，在劳动保障政策上给予中小企业技术职工适当的优惠，对在同一家中小企业连续工作一定年限的技术员工，可享受更多的社会保障及个人纳税减免等优惠政策，在政策上为企业留住技术人才提供帮助。最后，要加强和完善政府相关部门与中小企业的沟通机制，通过多种渠道和方式及时了解企业的困难，为企业吸引和留住人才，在政策上给予更多人性化的支持。

（二）对知识产权保护的措施和建议

扎实推进知识产权法律宣传，增强企业知识产权保护意识。现阶段，我国部分中小企业由于自身条件的限制，把主要精力放在客户开发和提高经济效益上，对知识产权的保护意识比较淡薄。只有在遇到知识产权维权、纠纷或者诉讼的情况下，企业才能真正意识到依法有效保护知识产权对于自身发展的重要性。对于一个企业来说，保护知识产权就是保护企业的核心竞争力，知识产权可以为企业创造较高的经济效益，产生重要的商业价值，因此企业要不断提高自身知识产权保护意识，加强对相关法律法规的学习，并且结合自己实际情况，制订出本企业保护知识产权的方案，使企业的知识产权得到有效保护。

提升企业知识产权保护能力。首先，要把知识产权战略作为企业战略的重要组成部分，中小企业要根据市场的发展环境和自身的实际情况，制定出适合本企业的知识产权保护战略，使企业知识产权能够为企业不断创新、发展、壮大提供推动力。其次，根据企业的实际情况，建立和完善知识产权保护体系，配备相应的专业管理人员，并且根据企业知识产权保护战略制定详细的知识产权保护措施，这样既能有效预防侵权行为的发生，又能使企业知识产权受到侵害时及时依法维权。最后，有条件的中小企业可以把知识产权管理融入企业数字化管理平台，建立本企业知识产权数据库，通过数字化和智能化的管理，提升企业的知识产权保护能力。

引进知识产权保护人才。中小企业实施知识产权保护战略的关键是人才，中小企业应该积极引进熟悉国内外知识产权保护相关法律法规、对知识产权管理有丰富经验的专业人才。建立和完善相应配套的管理机制，为知识产权人才工作和发展营造良好的环境。量化知识产权保护的成果有一定难度，因此在考核和激励这些人才方面要有一定的灵活空间。为使这些人才在知识产权保护工作中能够充分施展才能，一方面，要敢于授权，给予其开展知识产权策划、开发、运用、管理等相关工作的权力。另一方面，要形成科学的知识产权人才培训机制，提供给这些人才充分了解国内外市场、学习相关知识的机会，不断更新知识结构，掌握市场动态，为企业实施知识产权保护战略打好基础。

设立专业的知识产权管理部门。很多中小企业没有一个专业的知识产权管理部门，对企业的知识产权进行统一有效管理，导致知识产权被侵权，给企业造成难以挽回的损失。专业的知识产权管理部门首先要制定企业《知识产权管理制度》，从知识产权的申请、保护、运用和管理等全方面制定详细规章制度。管理部门应该及时对企业研发的技术，组织相关评估工作，并对该项技术的应用和效果进行评价，如果达到相关标准和水平，应该及时按照企业的专利布局，申请相应的专利保护。企业发展壮大到一定规模，有了对外贸易，就必须向相关贸易国申请专利，受到当地国家的法律保护，企业才能在国外顺利开展业务。因此，设立知识产权管理部门，不仅可以有效防止企业知识产权的流失，还能通过积极管理知识产权，使其为企业的高质量发展发挥最大效用。

（三）对知识产权运用的措施和建议

知识产权运用是指企业在技术创新、转移过程中，谋求使知识产权为企业创造最大价值，发挥最大效能，取得最佳收益的过程，使企业在充分分析面临的内外环境的基础上，有效利用企业可以调动的一切资源，争取实现知识产权资产保值增值的方式。知识产权运用包括自行使用、转让、许可、资本运作等几种方式。

自行使用知识产权是企业自己对知识产权的运用，一般是把知识产权用在企业内部产品转化升级上，以提高产品市场占有率和经济效益。由于企业作为知识产权所有人具有法律赋予的垄断权，所以产品很容易获取市场竞争优势并获得很好的经济效益。因此，具备较好生产条件和市场开拓能力的企业，可以把自行使用作为首要考虑的策略。但是，自行使用要求企业具备一定的条件和能力，企业需要综合自身的实际情况，选择适合本企业的知识产权使用方式。

知识产权转让是知识产权所有人以出让其知识产权所有权为代价获取转让费的法律行为。知识产权转让对知识产权所有人和受让人均具有特有的价值，对转让人而言，可以通过转让行为获取一次性收益，从而快速收回知识产权开发的投资和预期利润。对受让人而言，则可以在不用付出时间成本和研发投资，并且不用承担开发风险的情况下获得知识产权，从而将受让的知识产权快速转化在产品上占领市场，获取经济效益。

知识产权许可是指知识产权所有人将其知识产权授权被许可人按照约定使用，并由被许可人支付使用费的活动。知识产权许可是企业技术交易和技术贸易的主要方式之一，对于促进企业技术创新和进步具有重要意义。通过知识产权许可，企业可以快速实现知识产权价值转换，分摊研发投入，及时回收研发成本，获得企业目标利润，对于推动企业在技术创新发展道路上良性循环具有重要意义。

知识产权资本运作是知识产权的资本化运营，包括知识产权融资质押、知识产权证券化、知识产权投资入股、知识产权信托等形式。目前，企业知识产权资本运作在我国还处于起步阶段，有条件的企业在实施的时候，应注意确定适宜的投资环境与范围，积极防范知识产权投资的各类风险。在技术风险方面，应注意评估知识产权的先进性和可替代性，防止出现预期之外的贬值现象；在法律风险方面，应注意知识产权权属要清晰，资本运作要符合法定条件和程序，防止出现不必要的权属纠纷和程序违规；在市场风险方面，则应注意评估知识产权的市场前景，尤其是资本市场客户对其获利能力的预期。由于我国知识产权资本运作还没有形成成熟的模式，有条件的企业可以根据自身实际情况，摸索出适合本企业发展的知识产权运作方式。

（四）对知识产权管理的措施和建议

知识产权管理是对企业知识产权创新、申请、保护、运用等全过程的管控，具有很强的技术性、法律性和经济性，需要成立由专业管理人才组成的知识产权管理部门，建立健全符合本企业实际情况、适应市场环境、适应企业知识产权战略的管理制度体系。

中小企业应设立职责清晰的知识产权管理部门并配备专业的管理人才。知识产权管理部门是实施企业知识产权战略管理工作的核心，完备的知识产权管理部门是企业知识产权战略顺利实施的基础保障。中小企业可以根据自身的经济发展状况设立相应的知识产权管理机构或部门，主要职责是拟定本企业知识产权战略规划，提供相关知识产权信息，对本企业知识产权进行合理布局、有效保护、提出运用方案，使其实现保值增值。在知识产权管理部门专业人才配备上，企业应投入相应的资金支持，可以实行外部招聘与内部培养相结合的办法，解决专业人才短缺的问题。

建立健全知识产权管理制度体系。知识产权管理部门要制定知识产权管理制度，完善体系管理。企业的知识产权管理制度体系一般包括：技术创新价值评估制度，发明创造的审查与申报制度，知识产权激励制度，信息管理制度，培训制度，知识产权的保护、许可、转让，资本运营制度及商业秘密保护制度等。在建立中小企业知识产权管理制度体系时要做到量力而行，量入为出。每一个中小企业的经济发展程度和管理的具体内容各有不同，在实践中要以企业自身的实际情况为依据制定合适的知识产权管理制度体系。

五、总结

中小企业实施知识产权战略是影响未来企业提高经济效益的重要因素，是提升企业核心竞争能力的重要途径。我国中小企业在实施知识产权战略的道路上虽然任重而道远，知识产权管理现状不容乐观，但在国家创新驱动发展战略、知识产权强国战略指引下，越来越多的中小企业正在积极探索、开展实施适合本企业发展阶段的知识产权战略，通过走专精特新的发展道路，努力实现本企业持续高质量发展，使其在激烈的市场竞争中赢得优势。

参考文献

[1] 王彪. 企业知识产权法律风险管理体系现状探析[J]. 法制博览，2021（6）：93-94.
[2] 何淑芳. 企业知识产权管理工作中现存的问题及对策分析[J]. 文存阅刊，2021（5）：182-183.

［3］李姗姗．构建中小企业知识产权战略［J］.中小企业管理与科技（下旬刊），2019（6）：68-69.

［4］张俊．中小企业知识产权保护战略选择［J］.法制与社会，2017（26）：84-85.

［5］陈文福．中小微企业知识产权管理人员培养方式探析［J］.科技资讯，2019，17（17）：55，57.

［6］谭强．经济新常态下知识产权运营管理模式创新与实践探索［J］.中国发明与专利，2016（10）：31-35.

［7］李孝良．企业知识产权运营管理研究［J］.企业导报，2013（10）：51.

［8］曾德国．知识产权管理［M］.北京：知识产权出版社，2012.

［9］冯晓青．企业知识产权战略［M］.北京：知识产权出版社，2005.

［10］李杰．我国中小企业知识产权战略体系的构建［J］.产业与科技论坛，2013，12（2）：22-23.

［11］董志勇，李成明．"专精特新"中小企业高质量发展态势与路径选择［J］.改革，2021（10）：1-11.

解读专精特新企业如何挂牌北京证券交易所

星源
《中国纺织》杂志社

一、北京证券交易所的定位

2021 年 9 月 2 日，习近平总书记在 2021 年中国国际服务贸易交易会全球服务贸易峰会上的致辞中指出，我们将继续支持中小企业创新发展，深化新三板改革，设立北京证券交易所，打造服务创新型中小企业主阵地。短短 2 个月时间，北京证券交易所从注册成立，到基础制度构建并逐步完善，再到 11 月 15 日正式"开门迎客"，81 家公司首批挂牌上市，推进的速度之快体现了北京证券交易所对扶持中小企业创新的重要战略地位。

在市场定位方面。根据中国证监会的解读，北京证券交易所的重要意义可以概况为：为：一个定位、两个关系、三个目标。

（1）坚守"一个定位"。北京证券交易所牢牢坚持服务创新型中小企业的市场定位，尊重创新型中小企业发展规律和成长阶段，提升制度包容性和精准性。

（2）处理好"两个关系"。一是北京证券交易所与沪深交易所、区域性股权交易市场坚持错位发展与互联互通，发挥好转板上市功能。二是北京证券交易所与全国中小企业股份转让系统现有创新层、基础层坚持统筹协调与制度联动，维护市场结构平衡。

（3）实现"三个目标"。一是构建一套契合创新型中小企业特点的涵盖发行上市、交易、退市、持续监管、投资者适当性管理等基础制度安排，补足多层次资本市场的纽带作用，形成相互补充、相互促进的中小企业直接融资成长路径。三是培育一批专精特新企业，形成创新创业热情高涨、合格投资者踊跃参与、中介机构归位尽责的良性市场生态。

北京证券交易所提出要重点支持创新型中小企业，而专精特新"小巨人"企业是其中的"领头羊"。根据工业和信息化部的数据，专精特新中的"小巨人"企业平均研发度为 6.4%，平均拥有发明专利近 12 项。展望未来，这些企业凭借其较强的创新实力，较高的市场占有率，对核心技术的掌控，将对补链强链、解决"卡脖子"难题等具有重要支撑作用。

而全国中小企业股份转让系统有着 355 家专精特新企业储备，北京证券交易所的成立将使得资本市场更加聚焦这些专精特新企业，进一步助力这些企业蓬勃发展。

本次深化新三板改革，设立北京证券交易所的核心目的便是为创新型中小企业打通直接融资渠道，让广大的投资者拥有投资、参与、分享创新型中小企业快速成长的红利。北京证券交易所牢牢坚持服务创新型中小企业的市场定位，尊重创新型中小企业发展规律和成长阶段，提升制度包容性和精准性，为专精特新企业服务。

北京证券交易所未来预计将与上海证券交易所、深圳证券交易所形成行业与企业发展阶段上的差异互补，以及良性竞争。北京证券交易所行业定位将重点放在了专精特新企业。中小企业一直是中国经济发展中极其重要的微观主体，贡献了全国50%以上的税收、60%以上的GDP、70%以上的技术创新成果和80%以上的劳动力就业，是中国经济的基本盘，而专精特新企业更是重中之重，建立北京证券交易所意义重大。

二、北京证券交易所的作用

（一）转板上市

2012年中国证监会宣布扩大非上市股份公司股份转让试点，同年9月20日，全国中小企业股份转让系统正式登记注册。2013年1月16日，全国中小企业股份转让系统正式揭牌运营，随后逐步扩容，走向全国。2016年，全国中小企业股份转让系统正式发布创新层挂牌公司名单，对挂牌公司实施分层管理。

除"精选层"外，"创新层"以及"基础层"的公司仍面临融资难的问题，每日成交金额显著低于"精选层"。北京证券交易所的成立将进一步深化新三板改革，在全国中小企业股份转让系统连续挂牌满12个月的创新层挂牌公司，如符合条件，也可在北京证券交易所上市，让"创新层"的公司有机会得到市场更多的关注。

根据相关政策，北京证券交易所将维持"有进有退""能进能退"的市场生态，构筑多元化的退市指标体系，完善定期退市和即时退市制度，在尊重中小企业经营特点的基础上，强化市场出清功能。建立差异化需求安排，北京证券交易所退市公司符合条件的，可以退至"创新层"或"基础层"继续交易。

北京证券交易所还是一个重要的纽带，它将加强多层次资本市场有机联系，丰富企业成长路径。在全国中小企业股份转让系统"创新层""基础层"培育壮大的企业，鼓励继续在北京证券交易所上市。同时坚持转板机制，培育成熟的北京证券交易所上市公司可以选择到沪深交易所继续发展。

2021年10月30日，中国证监会提出《关于北京证券交易所上市公司转板的指导意见》。对于转板制度，明确了以下几大要点：

第一，明确了北京证券交易所上市满一年的公司可以选择转板至沪深交易所上市，公司在精选层挂牌时间和北京证券交易所上市时间可合并计算；第二，转板属于股票上市地的变更，不涉及股票公开发行，因此依法无需向证监会核准注册，由上海证券交易所、深圳证券交易所上市规则进行审核并做出决定即可；第三，对于股份限售，原则上可以扣除在"精选层"和北京证券交易所已经限售的时间。

在北京证券交易所上市的公司可以根据自身需要选择转板到沪深交易所相应的板块发展，该制度将利好中小企业，可根据自身的情况选择不同的板块。可以预测，未来三个证券交易所三足鼎立的竞争局面不可避免，也倒逼各交易所进一步完善服务和深化改革。

（二）普惠金融

普惠金融是指立足机会平等要求和商业可持续原则，以可负担的成本为有金融服务需求的社会各阶层和群体提供适当、有效的金融服务。近年来，党中央、国务院始终高度重视中小企业的成长与发展，"十四五"规划以及近年来的多次中央经济工作会议、国务院常务会议，均对服务中小企业创新发展作出重要部署。但由于中小企业自身资产规模小、利润低、不确定性高等特点，许多初创型企业仍面临资金短缺发展受限的问题，融资难、融资贵仍是制约我国中小企业发展的突出困难。

可以说北京证券交易所的成立对于完善我国资本市场功能有重要的现实意义，沪深交易所成立30多年来，形成了主板市场、创业板市场、科创板市场，还有区域性的多层次股权交易市场，但有一个"短板"，那就是缺少一个服务创新型中小企业的主阵地。北京证券交易所定位于服务专精特新类的中小企业，突出"更早、更小、更新"，即更早地关注并服务于企业规模小、科技含量高、创新能力强的中小企业，提前发现"好苗子"，为中小企业打开全新、便利的融资渠道，以更好地助力其成长为国之重器，这是北京证券交易所与沪深交易所的重要区别之一。

北京证券交易所的建设立足于服务符合国家经济发展需要的专精特新企业，目的在于为专精特新企业提供一个门槛较低，市场又活跃，能够真正为专精特新企业提供发展所迫切需要的资金问题的平台。脱胎于全国中小企业股份转让系统的北京证券交易所，不仅服务于上市公司，同时也服务于"基础层"和"创新层"的7000多家挂牌企业，北京证券交易所是这7000多家企业在资本市场远航的"灯塔"。下一步全国中小企业股份转让系统和北京证券交易所将紧紧围绕中小企业这个主体，构建覆盖中小企业全链条的金融服务体系，探索资本市场发展普惠金融的"中国方案"。

三、北京证券交易所架构制度及交易制度

（一）北京证券交易所架构制度

公司制证券交易所是证券交易所的一种组织类型，即由投资者组织起来的股份有限公司性质的证券交易所。该种证券交易所只提供场地、设备、人员等，在政府主管机构的管理与监督下，吸收各类证券商在集中的交易市场内自由地买卖并集中交割，收取发行公司的"上市费"，并抽取证券成交的"经手费"，但不参与上市证券的买卖。这种公司制的交易所，自负盈亏，实际上是以盈利为目的私人公司。作为交易所股份有限公司本身的股票，一般不上市进行公开交易。

北京证券交易所采用公司制，具有特色的组织形式和管理制度，与会员制交易所不同，公司制证券交易所因其本身不直接参与证券买卖，在证券交易过程中处于中立地位，故有助于保证交易的公平；同时，由于它的主要职责是提供证券交易所需的各种物质条件

和服务，业务活动比较单纯，有利于向证券商提供尽可能完备的交易设施和服务。

北京证券交易所由全国中小企业股份转让系统有限责任公司（以下简称全国股转公司）出资设立，将探索具有特色的组织形式和管理制度。从市场结构上看，全国股转公司统筹"创新层""基础层"。北京证券交易所的建设、发展，实行"一体管理、独立运营"，从管理体制上看，北京证券交易所采取公司制，公司制交易所以盈利为目的，在竞争环境中更能实现创新发展，其盈利能够投入技术创新中，能够为证券市场提供更加优质的服务，促进证券市场的高质量发展，从而更好地为北京证券交易所的上市公司、为专精特新企业服务。

（二）北京证券交易所交易制度

按照"精选层"各项制度基本平移至北京证券交易所的总体思路，北京证券交易所交易制度整体延续精选层相关安排，不改变投资者交易习惯，不增加市场负担，体现中小企业股票交易特点，确保市场交易的稳定性和连续性。

在涨跌幅限制上，北京证券交易所不同于主板市场及科创板和创业板市场对股票日涨跌幅度的限制，首先采用日涨跌 30% 的幅度限制制度，由于在北京证券交易所上市的企业多为中小企业，其具有企业规模小、市值低的特点。更高的涨跌幅限制有利于市场更好地发挥价格机制，更好地确定上市企业价值，更好地将企业好坏、企业市值高低的决定权交予市场。同时，每天更高的涨跌幅限制，有利于督促企业更好地进行公司治理。

在停牌机制上，当盘中成交价格较开盘价首次上涨或下跌达到或超过 30%、60% 时，盘中临时停牌 10min，复牌时进行集合竞价。由于北京证券交易所的上市公司市值较小，流通股总值一般偏小，在这样的情况下，单只股票容易受大资金控制其股价涨跌，极大地影响上市公司市值的稳定，因此设置该停牌机制有利于进一步保护中小企业的利益。

四、上市的发行条件及定价制度

（一）北京证券交易所发行条件

在上市的发行标准方面，北京证券交易所维持全国中小企业股份转让系统市场层层递进的结构，突出专精特新的特点，明确简便、包容、精准的发行条件。发行上市条件总体平移精选层各项基础制度，提供四套上市标准，在全国中小企业股份转让系统挂牌满 2 个月的"创新层"公司可在北京证券交易所申请发行上市。从上市财务指标上看，北京证券交易所为市值较小而净资产收益率（ROE）较高的企业提供了上市机会。针对总体的指标而言，北京证券交易所较科创板与创业板的门槛更低，充分考虑到了中小企业的发展。

根据《北京证券交易所股票上市规则（试行）》（征求意见稿）相关规定，北京证券交易所的上市条件如下。

1. 上市公司股票的发行与上市

（1）上市公司向不特定合格投资者公开发行股票的（以下简称上市公司公开发行），

应当按照中国证监会及北京证券交易所有关规定及时披露涉及股票发行的相关公告，并申请办理发行事宜。上市公司向特定对象发行股票的（以下简称上市公司定向发行），应当按照中国证监会和北京证券交易所有关规定办理发行事宜。

（2）上市公司在股票发行结束并完成登记后，应当按照规定披露上市公告等相关文件并申请办理新增股份上市事宜。

2. 募集资金管理

（1）发行人应当建立募集资金存储、使用、监管和责任追究的内部制度，明确募集资金使用的分级审批权限、决策程序、风险防控措施和信息披露要求。

（2）发行人募集资金应当存放于募集资金专项账户，该账户不得存放非募集资金或用作其他用途。发行人应当与保荐机构、存放募集资金的商业银行签订三方监管协议。

（3）发行人募集资金应当用于主营业务及相关业务领域。暂时闲置的募集资金可以进行现金管理，投资于安全性高、流动性好，可以保证投资本金安全的理财产品。发行人使用闲置募集资金投资理财产品的，应当经公司董事会审议通过并披露，独立董事和保荐机构应当发表明确同意意见并披露。除金融类企业外，募集资金不得用于持有交易性金融资产、其他权益工具投资、其他债权投资或借予他人、委托理财等财务性投资，不得直接或间接投资于以买卖有价证券为主营业务的公司，不得用于股票及其衍生品种、可转换公司债券的交易，不得通过质押、委托贷款或其他方式变相改变募集资金用途。

（4）发行人应当按照公开披露的用途使用募集资金；改变募集资金用途的，应当经公司董事会、股东大会审议通过并披露，独立董事和保荐机构应当发表明确同意意见并披露。

（5）暂时闲置的筹集资金可暂时用于补充流动资金。暂时补充流动资金，仅限于与主营业务相关的生产经营使用，不得通过直接或间接安排用于新股配售、申购，或用于股票及其衍生品种、可转换公司债券等的交易。闲置募集资金暂时用于补充流动资金的，应当经发行人董事会审议通过并披露，独立董事和保荐机构应当发表明确同意意见并披露。单次补充流动资金最长不得超过12个月。

（6）发行人实际募集资金净额超过计划募集资金金额的部分（即超募资金）用于永久补充流动资金和归还银行借款的，应当经公司董事会、股东大会审议通过并披露，独立董事和保荐机构应当发表明确同意意见并披露。发行人应当承诺在补充流动资金后的12个月内不进行高风险投资以及为他人提供财务资助并披露。

（7）发行人以自筹资金预先投入公开披露的募集资金用途后，以募集资金置换自筹资金的，应当经公司董事会审议通过并披露，独立董事和保荐机构应当发表明确同意意见并披露。发行人应当及时披露募集资金置换公告以及保荐机构关于发行人前期资金投入具体情况或安排的专项意见。

（8）发行人董事会应当每半年度对募集资金使用情况进行自查，出具自查报告，并在披露年度报告及中期报告时一并披露，发行人董事会应当聘请会计师事务所对募集资金存放和使用情况出具鉴证报告，并在发行人披露年度报告时一并披露。保荐机构每年就上市公司募集资金存放和使用情况至少进行一次现场核查，出具核查报告，并在公司披露年度报告时一并披露。

3. 公开发行并上市应符合的条件

（1）发行人为在全国中小企业股份转让系统连续挂牌满 2 个月的创新层挂牌公司。

（2）符合中国证券监督管理委员会（以下简称中国证监会）规定的发行条件。

（3）最近一年期末净资产不低于 5000 万元。

（4）向不特定合格投资者公开发行（以下简称公开发行）的股份不少于 100 万股，发行对象不少于 100 人。

（5）公开发行后，公司股本总额不少于 3000 万元。

（6）公开发行后，公司股东人数不少于 200 人，公司股东持股比例不低于公司股本总额的 25%；公司股本总额超过 4 亿元的，公众股东持股比例不低于公司股本总额的 10%。

（7）市值及财务指标符合本规则规定的标准。

4. 发行人申请公开发行并上市，市值及财务指标应当至少符合下列标准中的一项

（1）预计市值不低于 2 亿元，最近两年净利润均不低于 1500 万元且加权平均净资产收益率平均不低于 8%，或者最近一年净利润不低于 2500 万元且加权平均净资产收益率不低于 8%。

（2）预计市值不低于 4 亿元，最近两年营业收入平均不低于 1 亿元，且最近一年营业收入增长率不低于 30%，最近一年经营活动产生的现金流量净额为正。

（3）预计市值不低于 8 亿元，最近一年营业收入不低于 2 亿元，最近两年研发投入合计占最近两年营业收入合计比例不低于 8%。

（4）预计市值不低于 15 亿元，最近两年研发投入合计不低于 5000 万元。前款所称预计市值是指以发行人公开发行价格计算的股票市值。

5. 禁止向特定对象发行股票规定

发行人申请公开发行并上市，不得存在下列情形：

（1）最近 36 个月内，发行人及其控股股东、实际控制人，存在贪污、贿赂、侵占财产、挪用财产或者破坏社会主义市场经济秩序的刑事犯罪，存在欺诈发行、重大信息披露违法或者其他涉及国家安全、公共安全、生态安全、生产安全、公众健康安全等领域的重大违法行为。

（2）最近 12 个月内，发行人及其控股股东、实际控制人、董事、监事、高级管理人员受到中国证监会及其派出机构行政处罚，或因证券市场违法违规行为受到全国中小企业股份转让系统有限责任公司（以下简称全国股转公司）、证券交易所等自律监管机构公开谴责。

（3）发行人及其控股股东、实际控制人、董事、监事、高级管理人员因涉嫌犯罪正被司法机关立案侦查或涉嫌违法违规正被中国证监会及其派出机构立案调查，尚未有明确结

论意见。

（4）发行人及其控股股东、实际控制人被列入失信被执行人名单且情形尚未消除。

（5）未按照《证券法》规定在每个会计年度结束之日起4个月内编制并披露年度警告，或者未在每个会计年度的上半年结束之日起2个月内编制并披露中期报告。

（6）中国证监会和全国股转公司规定的，对发行人经营稳定性、直接面向市场独立持续经营的能力具有重大不利影响，或者存在发行人利益受到损害等其他情形。

6. 上市需要提交的文件

（1）上市申请书。

（2）中国证监会同意注册的决定。

（3）公开发行结束后，符合《证券法》规定的会计师事务所出具的验资报告。

（4）中国证券登记结算有限责任公司北京分公司出具的股票登记证明文件。

（5）保荐机构关于办理完成限售登记及符合相关规定的承诺。

（6）公开发行后至上市前，按规定新增的财务资料和有关重大事项的说明（如适用）。

（7）发行人及其董事、监事、高级管理人员应当保证上市申请文件真实、准确、完整，不存在虚假记载，误导性陈述或者重大遗漏。

（8）收到发行人完备的上市申请文件后5个交易日内，做出是否同意上市的决定。发行人发生对是否符合上市条件和信息披露要求产生重大影响的重大事项，可提请上市委员会进行审议，审议时间不计入前款规定期限。

（9）发行人应当于股票上市前3个交易日内，在符合《证券法》规定的信息披露平台（以下简称规定信息披露平台）披露：上市公告书、公司章程及要求的其他文件。

7. 上市公司发行可转换为股票的公司债券条件

（1）具备健全且运行良好的组织机构。

（2）最近三年平均可分配利润足以支付公司债券一年的利息。

（3）具有合理的资产负债结构和正常的现金流量。

8. 不得发行可转换为股票的公司债券条件

（1）对已公开发行的公司债券或者其他债务有违约或者延迟支付本息的事实，仍处于继续状态。

（2）违反《证券法》规定，改变公开发行公司债券所募资金用途。

（二）北京证券交易所上市定价制度

北京证券交易所另一大亮点就是允许待挂牌公司采用网下询价、网上竞价以及直接定价三种定价方式，北京证券交易所上市公司公开发行股票可以通过发行人和主承销商自主协商直接定价、合格投资者网下询价、合格投资者网上竞价。由于北京证券交易所上市的专精特新企业大多为中等或者小规模企业，允许拟上市企业自主选择采用多种上市定价制度进行公开发行的初次定价，发行人可根据自身状况，与保荐人承销商共同选择最适合自己的定价机制，有利于北京证券交易所上市公司根据自身企业实际，选择最适合自己公司的定价方式，更好地在市场上体现自身价值。此外，为了更好地服务专精特新企业，契合专精特新企业的发展需求，北京证券交易所还对相应的定价制度做了一定的调整，具体的发行定价制度如下。

1. 在询价发行方面

（1）北京证券交易所对于配售对象的准入门槛更低，允许个人投资者参与配售，并且对机构投资者的要求为净资产大于或等于1000万元，低于创业板及科创板对机构投资者的市值门槛大于或等于6000万元。

（2）为了保证配售资金，北京证券交易所申购需先全额缴付申购资金，区别于创业板及科创板信用申购的方式。

（3）为了降低折价发行概率，北京证券交易所的"高剔"比例低于科创板以及创业板，仅要求"剔除部分不得低于所有网下投资者拟申购总量的5%"，而网下投资者拟申购总量超过网下初始发行量的15倍时，剔除部分不得低于所有网下投资者拟申购总量的10%。

2. 在直接定价方面

北京证券交易所待上市企业大多市值较小，业务结构和逻辑相对简单，直接定价是三种定价机制中最利于提升中小企业融资效率的。而北京证券交易所的直接定价规则相比创业板的定价规则也有了规则上的放松。

（1）所有北京证券交易所待上市企业可采用直接定价、无须像创业板要求的为发行数量2000万股以下且无股东公开发售股份的盈利企业。

（2）北京证券交易所免除了市盈率限制，无须像创业板那样考虑价格对应市盈率不得超过同行业上市公司二级市场平均市盈率。

3. 在竞价发行方面

竞价发行是北京证券交易所特有的发行方式，其规则更公开、透明，投资者参与更便捷。网上投资者可按照流程竞价，每个投资者只能申报一次，且每股价格不得低于最低申购价。竞价发行的发行方式更加有利于中小企业在市场中找到自己合适的定价，而避免因自身企业规模较小、资金有限宣传力度不够而导致的公司业务前景及预期估值被低估的问题。然而竞价发行对于发行人信息披露的要求较高，如果信息披露不够透明，容易产生投资者非理性的定价行为，偏离股票的内在价值。因此，北京证券交易所这一制度也有利于更好地督促中小企业重视信息披露制度，更好地规范自身的企业经营制度，提高自身经营的科学性。

4. 在战略配售方面

北京证券交易所在战略配售规定上有了更多限制性要求。由于战略配售的对象需要具有较大的市场影响能力和良好的市场声誉，并且能够代表广大群众的利益。同时战略配售的对象要有长期合作的愿景，愿意长期持股投资。北京证券交易所规定公开发行上市的股票可以向战略投资者配售股票，但不得超过 10 名。公开发行股票数量在 5000 万股以上的，战略投资者获配股票总额原则上不得超过本次公开发行股票数量的 30%，超过的应在发行方案中充分说明理由；不超过 5000 万股的，战略投资者获配股票总量原则上不得超过本次公开发行股票数量的 20%。这一系列对战略配售制度的限制要求使得上市公司在战略配售对象选择方面必须优中选优，可以更好地提高战略配售对象的质量，从而保证公司发行的战略配售股票的稳定性，降低公司的股价波动。

5. 在超额配售方面

北京证券交易所拟上市公司也可像其他板块一样授予承销商超额配售权，超额配售的股份不超过本次公开发行的 15%。超额配售权又称"绿鞋机制"，是指允许承销商向投资者出售比发行人原计划发行更多的股票，当公司发行首日"破发"时，承销商可以使用超额配售募集的资金在二级市场竞价交易证券，稳定股价，起到护盘的作用。

根据北京证券交易所上市企业发行价格或不稳定的特点，"绿鞋机制"预计在未来也会有较高的使用率，这样的制度有利于进一步稳定北京证券交易所上市公司的股价，促进北京证券交易所上市企业更好地在北京证券交易所进行融资，推动北京证券交易所成为一个能够真正满足中小企业融资需要、服务国家专精特新企业、培育国家急需的硬实力公司，为我国经济发展、提高国民经济发展质量助力。

五、上市路径及规则解读

在上市路径上，进入北京证券交易所上市发行的企业共分为两类：

第一类企业为全国中小企业股份转让系统（新三板）企业。首先在全国中小企业股份转让系统连续挂牌满 12 个月的创新层挂牌公司，若符合北京证券交易所的上市条件，可申请进入北京证券交易所，其次提出 IPO 申请，由北京证券交易所出具同意函，证监会同意注册，经过 2 个月加 20 个工作日审核后即可于北京证券交易所上市。

第二类企业为非全国中小企业股份转让系统（新三板）企业。首先，需要申请在全国中小企业股份转让系统（新三板）挂牌，若能进入创新层，则可在进入"创新层"之日起，在新三板挂牌满 12 个月后进入北京证券交易所申请程序；若企业进入了"基础层"，则可于每年 5 月由"基础层"调层进入"创新层"，在新三板挂牌满 12 个月后，即可在北京证券交易所进行申请。

六、专精特新企业发展机会

首先，困扰专精特新企业发展的一个重要原因就是资金问题，北京证券交易所的建立为专精特新企业更好地发展提供了一个良好的发展平台。北京证券交易所更低的上市门槛要求，使其能够最大限度地容纳更多的专精特新企业公开发行上市融资。北京证券交易所更低的投资者入市交易准入门槛及更加灵活的市场交易规则，使其市场活力会相较原有的全国中小企业股份转让系统市场有明显的提升，于北京证券交易所上市的专精特新企业也更加容易在北京证券交易所为自己"卖一个好价格"，从更为有效的市场中获得符合自身价值的估值定位，从交易更活跃的市场中获得更多的资金促进自身的发展。

其次，北京证券交易所的建立是深化全国中小企业股份转让系统改革的重要举措，对于北京证券交易所上市公司而言具有重大意义。第一，北京证券交易所的上市标准相较已有的主板及科创板和创业板块要求更低，这给现有的够不上其他板块进行上市融资的专精特新企业提供了一个门槛更低的上市平台。第二，北京证券交易所拥有完备的转板上市制度，其上市公司转板条件与全国中小企业股份转让系统精选层公司转板条件基本保持一致，已在北京证券交易所连续上市满一年且符合转入板块的上市条件的企业，可不用重新进行 IPO 工作，仅需符合相关证券市场上市要求即可转入相关板块；已在全国股转系统精选层挂牌的，精选层挂牌时间与北京证券交易所上市时间合并计算。

总之，专精特新企业从北京证券交易所转移至更高的市场能够进一步提高公司的价值。

第三部分

经 典 案 例 篇

厦门帮众：为高端差别化纤维保驾护航

一、企业基本情况

厦门帮众科技有限公司（简称厦门帮众）成立于2009年6月，是一家专业的、富于创新精神的高新技术企业，主要从事机器人自动化系统集成和塑料机械设备的研发、生产和销售，自动化生产线整厂规划等一条龙服务。并努力开发跟行业相关的高效、节能的技术及设备产品，是中国化学纤维工业协会理事单位，纺织行业专精特新企业和联盟副主席单位。

厦门帮众一直专注于切片纺丝的高精度计量配料设备领域，拥有自主研发生产及销售的"帮众"牌机械式高精度计量器、配料机，是高精度计量领域的"高抗机"。"帮众"牌高精度配料机已经成为高端智造行业设备核心改造的品牌之一，为化纤企业研发、生产高端差别化纤维保驾护航！

二、主要产品及创新性

（一）"帮众"牌机械式高精度计量器、配料机

"帮众"牌机械式高精度计量器、配料机设计巧妙，避免了机器震动和高温环境对计量精度的影响。

功能强大。多组分配料机自由拼装；同时计量配料方式和专利的静态混料座展现了无与伦比的均匀性；空间利用率高。

计量精确。这款配料机单个计量器的计量精度可以控制在±0.25%以内，完全可以替代国外进口的失重式计量器，并且有失重式计量器无法比拟的运行稳定性。为消除计量物料静电对计量精度的影响，厦门帮众特别在下料位置设计了吹气清扫装置，有效保证了最高水平的计量精度。厦门帮众利用不同转速下动态的堆积密度自动运算程式，真正把机械式计量精度发挥到了极致（控制在±0.25%以内）。"帮众"牌高精度计量器在计量量程的有效范围内，都能保证±0.25%的计量精度，真正实现了高精度、宽量程。通常国外的失重式计量器量程比较窄，如果遇到量程比较宽的应用要求，需要更换多套输送螺杆，更有甚者需要更换计量单元（称重传感器）。

高稳定性和均匀性。厦门帮众设计的体积式计量结构比传统的拨盘式和螺杆式计量结构（通常传统式计量精度为1%~5%）具有更好的一致性、更高的可靠性，没有计量高波峰值和低波峰值，呈现了连续计量时最佳的一致性和均匀性。

（二）"帮众"高精度计量全自动配料机工作原理

用高精密伺服电动机和减速机驱动发明专利的高精度机械式计量器和最优化的动态堆积密度的算法程序来实现高精度的塑料颗粒重量计量。用超高电子脉冲（计量器 360°一圈用 80 万个细分量来控制）和错排槽计量器来保证计量的细分化与连续性；用吹气清扫克服静电黏附来保证有效计量，以此来保证高精度计量。用主料、色母按比例同时计量和静态混料座和特殊设计的缓冲料斗来保证混合均匀的材料，以活塞流的方式进到挤出螺杆。从而实现高稳定、高均匀性、高计量精度的统一。

高精度计量混合设备是这个流程中的"芯"脏。在微量计量（每小时添加量小于 300g）的研发领域，很多原来用进口失重秤的研发中心都改成了"帮众"牌高精度多组分配料机。

（三）国产高精度配料机的创新点

高精度自动计量器及喂料装置在国外多为电子称重（增重、减重）式计量，这种计量方式受使用环境的影响比较大，且价格昂贵（被国外品牌垄断）。所以厦门帮众设想开发一种稳定性更好（不受使用环境影响），计量精度能达到 ±0.25%，且性价比高的自动计量设备，最终在这个高精度计量领域能够赶超国外同行。动态计量设备主要包括机械输送和电子测量两个部分组成。目前，国外的做法是机械输送部分用螺杆传送或者阀门下料，这种计量精度只能达到 1%~5%，要保证计量精度只能用电子传感器测量后做反馈补偿。在总量上是能满足 0.5% 的要求，但是因为机械部分的计量精度被限定了，计量波动只能在 1%~5% 之间调整。换言之，就是均匀性比较差，对于高均匀性要求的应用领域无法满足，对于一些微量添加和计量量程变化要求比较大的场合也无法满足。

厦门帮众围绕体积计量结构做完善，把体积计量槽细分化，以每小时产能的不同，设计大小不同的体积计量槽。为保证计量的连续性（下料均匀性），厦门帮众设计了错位的双排计量槽。为提高机械式的计量精度，厦门帮众特意把计量出料口设计在爬坡段，再把计量器转速微细分化控制，计量器转一圈（360°）用 80 万个伺服脉冲控制。

（四）国产高精度配料机的学术和技术价值

巧妙的机械结构设计和转速脉冲微细化控制克服了机器震动、高温、材料静电和电磁干扰等环境因素对计量精度的影响。国产"帮众"的高精度计量器完全克服了使用环境对计量精度的影响。通常电子式计量非常怕震动、高温、静电和电磁波等环境的干扰，如果偶遇干扰，基本无精度可言。所以"帮众"的高精度计量器在计量的稳定性和均匀一致性方面的表现领先于世界水平（表1）。

表1　三组分自动配料机比较

项目	机型		
	失重式	其他机械式	"帮众"高精度机械式
计量方式	减重式（电子称重式）	传统机械式	发明专利机械式
计量精度	0.2%~0.5%	1%~5%	控制在0.5%以内
计量量程	均匀性好的量程小，超量程要换计量螺杆和称重传感器	量程较小	0.05~18kg/h（最小规格）1~1080kg/h（最大规格）
微量添加性能（极限值）	>300g/h	>500g/h	>50g/h
微量添加染色平均值 M率	4.5级判色 M率96%以下	4.5级判色 M率50%~60%（无主色）	4.5级判色 M率98%以上
抗母粒静电能力	接地方式（静电无法全消除，上下波峰差值大）	接地方式（静电无法全消除，上下波峰差值大）	接地+吹气强制清扫，静电消除效果好
抗震动能力	差，工作时人员不能上平台	无影响	无影响
抗电磁干扰	比较容易受干扰	一般	良好
耐高温、耐磨损	电子元件（旋转编码器）耐高温差	零件加工精度差，容易卡顿、磨损	用耐磨、耐高温材料，性能卓越
操作方便性	简单（好）	一般	良好
设备维护及周期	因太容易受干扰，所以故障率高，补料阀和旋转编码器容易坏	因为零件质量较差，相对故障率高	每年年保时给轴承加油或者更换轴承即可，故障率低

其他品牌在各个细分应用领域都各有较高的市场占有率，但是在高稳定性和高均匀性的差别化纤维生产领域一直无法解决色差降等问题。虽然他们的设备在计量精度上都能达到0.5%，但是计量波动会在1%~5%之间调节，均匀性差，易受环境因素干扰影响。对生产高端敏感色丝、高品质功能丝和高要求特殊功能薄膜的客户还是不太能适应。计量设备计量精度和计量波动都能控制在±0.25%以内。国产设备"帮众"的优势非常明显。

三、专精特新发展的做法和经验

（一）绿色化

国产"帮众"高精度多组分全自动配料机投入应用以来，在改善产能过剩和环境污染等问题上取得了非常好的效益。该设备也已经投入厦门翔鹭化纤和广东新会美达、义乌华鼎等几个国家级化纤研发技术中心。配套用在线配料添加系统的高品质再生生产厂家有佳人、龙福环能、海盐海利、东锦等。

厦门帮众销售的高精度全自动配料机间接产生的经济和社会效益如下："十三五"末期（2020年）消化落后产能约200万吨；与其他方式配料（或者染色）比较，每年节省纺丝工艺降等及浪费金额约1.6亿元；无染纤维比后染工艺节省水量约2亿吨；无染纤维比后染工艺节省电量约200亿度；无染纤维比后染工艺节省染化料量约30万吨；无染纤维比后染工艺节约染费约100亿元。

当前绿色发展已上升为国家战略。资源和环境的约束以及环保要求越来越严格，使化纤企业必须切实推进绿色发展，开发绿色化纤产品的力度越来越大。帮众的各类设备就是为化纤企业生产绿色产品配套服务的，这是帮众的业绩能实现连续快速增长的根本驱动力和支撑力。

（二）特色化

在我国主要化纤品种中，当涤纶的主流生产工艺变为熔体直纺后，整体来看，单体企业的"规模效应"和成本优势快速放大，全球聚酯龙头企业也都沿着这条路线竞相发展。值得注意的是，"切片纺"也是部分涤纶企业采取的另一条发展思路，同时，锦纶企业目前也都采用"切片纺"生产路线。

相比熔体直纺，采用"切片纺"工艺生产的化纤产品，差异化、个性化特点突出。可以说，"切片纺"的特殊生产流程，对生产小批量、多品种、差异化、高品质化纤产品有着一种"天然的优势"。而绿色化，则是差异化、高品质的一种体现。同时，化纤企业采用"切片纺"工艺，换料方便、快速。近期，一些原本采用熔体直纺的中小规模的化纤企业又改回了"切片纺"，正是看准了市场的这一发展特点。

厦门帮众的"拳头"产品是多组分在线添加设备，用于配套化纤企业以切片纺生产原液着色化学纤维（色丝）。色丝最突出的特点，就是在后加工环节可以减少或省去染色工序，具有污染小、能耗低、排放少的典型"绿色基因"，是"绿色纤维"的一个重要品类。

在用"切片纺"生产色丝的流程中，均匀性、稳定性至关重要，高精度计量混合设备便成为其中的"芯"脏。厦门帮众科技自主研发生产的在线添加设备，在均匀性、稳定性方面都已达到市场领先水平。化纤企业使用厦门帮众的设备时，在投料前可以实行高精度计量混合，在进行螺杆塑化和过滤时可以进行均匀混合，适合生产高均匀性的产品。

目前，高要求的"切片纺"厂家大部分都用厦门帮众的设备。涤纶有：恒力、盛虹、佳人、古纤道、翔鹭、宏大毛绒等；锦纶有：锦江科技、美达股份、华鼎股份、台华、凯邦、万鸿、永大、岳阳华达等。基本上已经形成高要求产品定位的标配趋势。

江苏康大：国内保暖絮片领跑者

一、企业基本情况

江苏康大无纺有限公司（简称江苏康大），其前身是化纤原料生产基地中国石化仪征化纤股份有限公司（简称仪征化纤）下属企业，成立于1992年，是国内较早的化纤絮片材料生产企业，2001年改制为民营企业。

公司专注保暖絮片30年，以"专而精"为发展理念，以国际同行先进水平为目标，以军品研发为依托，不断实现产品研发跨上新台阶，成为国内保暖絮片研发、生产的领跑者，获得国家发明专利2项，仿羽绒超细涤纶絮片（KDM-150g）、仿羽绒棉（80~400g/m²）获江苏省高新技术产品称号，特别是多维蓄热保暖絮片被列入2020年国家军民融合发展项目，并被北京冬奥组委指定为2022年冬奥会和冬残奥会赛时制服保暖絮片材料。公司研发的"新型保暖材料及其应用"获2020年军队科学技术二等奖。2021年3月，公司被上海长三角非织造材料工业协会授予长三角非织造材料工业协会创建十五周年"卓越贡献奖"。

江苏康大无纺有限公司先后为近40家军工企业或民营企业提供各类军用被服、睡袋、帐篷等保暖材料，为我军的后勤装备和军队现代化建设做出了贡献。目前，江苏康大是解放军被服、公安部公安警服材料供应商入库企业，是中国航天、安踏、波司登、际华集团等品牌企业供应商。

二、主要产品及创新性

（一）多维蓄热保暖絮片

江苏康大无纺有限公司研发的多维蓄热保暖絮片，改变了以空气滞留层作为絮片保暖的唯一特征，采取了空气层、絮片结构层、纤维自发热等多种特征叠加的多维保暖絮片，使絮片的保暖性、舒适性有了明显的提升。其中150g/m²规格、热阻0.888；200g/m²规格、热阻0.959，保暖性能比国内外同类产品提高30%，重量减轻40%。2020年，北京冬奥组委会面向全球竞选冬奥制服保暖材料，在全球10多家竞争者中，江苏康大研发的多维蓄热保暖絮片，以瞬间升温、长效蓄热、亲肤轻柔、吸汗透气的健康保暖效果，保暖指标名列第一，领先于国内外业内知名企业参选的保暖材料，被北京冬奥组委会指定为2022年北京冬奥会赛时制服保暖絮片材料指定供应商。

该产品首先应用于2022年北京冬奥会、冬残奥会，是冬奥会赛时制服、安保服、室外滑雪服、室外领奖服、火炬传递手防寒服等保暖絮片材料。之后，应用于公安部警察执勤服的保暖材料。

2021 年 12 月，多维蓄热保暖絮片荣获江苏省企业发展工程协会"科学技术奖"。2022 年 6 月 23 日，被评为中国纤维流行趋势 2022/2023 年度最佳合作伙伴。2022 年 9 月，凭借多维蓄热保暖絮片，江苏康大无纺有限公司入选中国纺织行业专精特新中小企业。

该产品已实现销售额 3000 余万元，应用前景广阔。

（二）多维蓄热保暖絮片主要技术创新点

（1）创新性的多维结构——2 层甚至多层。

（2）自主蓄发热纤维，是普通远红外纤维的 2 倍。

（3）主动保暖与被动保暖相结合的方式。

（4）打破了传统消极保暖的被动、单一模式。

（5）具有吸湿排汗性能。

三、专精特新发展的做法和经验

1. 专业化

30 年来，江苏康大一直专注于保暖填充材料的生产和保暖絮片的研发。近 20 年，江苏康大潜心军队被装保暖材料的研制，先后为各军种研制了 20 多种保暖絮片材料，参与了多项技术标准的制订，用于军服棉衣、棉大衣、睡袋、被子、棉帐篷等不同装备。已形成品牌服饰、婴幼童装、户外运动、行业制服、特种服装、家纺床品六大系列保暖材料。

公司重视产品研发，紧跟技术发展趋势和流行趋势，开发新产品，满足市场需求。在内部，公司设立了产品研发中心，有专门的实验室，形成了专业化人才团队，为开发新品、专业化生产打下了坚实的人才基础。外部研发团队或力量，由三部分组成，一是借助仪征化纤技术力量。仪征化纤是国内化纤发展领头羊，有较强的研发能力，江苏康大前身是仪征化纤的下属企业，与仪征化纤一路之隔；二是发挥产业链优势。与国家高层次人才团队企业、央企特种化纤企业等合作，从高分子原料到纺丝形成全流程产业链；三是联手高等专业院校。长期与北京服装学院、东华大学、南通大学进行研发协作。

2. 精细化

多年来，江苏康大坚持强基固本，推进精细化管理，把抓重点、补短板、强弱项作为主攻方向，以改革破难题，以创新促发展，激发一切有利于高质量发展的动力、活力、创造力。

（1）细化岗位责任制。按照"有岗必有责，上岗必担责"的要求，细化和落实岗位责任制，从根本上杜绝推诿扯皮现象的发生。严格生产、设备、安全等各类制度的执行，力戒"三违"和"低老坏"典型问题的发生。

（2）持续推进标准化建设。公司先后建立运行质量管理体系、环境管理体系、职业健康安全管理体系、安全标准化管理体系，并通过认证。重视员工培训和养成教育，推进标准化作业、标准化检修，抓好交接班、巡检和"5S"管理、精益化生产，不断提升现场管理水平。

（3）强化激励约束。坚持"业绩升、薪酬升，业绩降、薪酬降"，重点考核岗位责任制的落实情况，加大绩效考核的力度，破除"大锅饭"。奖金向科研人员倾斜，鼓励科技人才踊跃创新。

（4）优质的产品、一流的服务、良好的美誉度和较高的性价比使公司技术质量水平处于国内同行领先水平。江苏康大被授予江苏省质量服务诚信 AAA 级品牌企业，康大品牌成为江苏省非织造布/产业用纺织品行业十大著名品牌，军用被装保暖材料技术研发荣获第十届中国技术市场协会金桥奖二等奖。

3. 特色化

江苏康大拥有多条不同功能无纺生产线及后整理生产设备，自动化程度较高，可年产各类保暖絮片材料 7000 吨。

每年年初，公司根据技术发展趋势和市场需求，确定重点研发课题，取得丰硕成果，使江苏康大成为国内保暖絮片行业领跑者。"一种远红外保暖阻燃功能絮片及其制备方法"获国家发明专利，"仿羽绒棉及其制作方法"获中国国际专利与名牌博览会金奖，"一种无融滴阻燃保暖絮片"等 3 项获国家实用新型专利，"多维蓄热保暖絮片吊牌设计"获国家版权作品登记证书。另有 5 件发明专利、9 件实用新型正在国家知识产权局受理审核之中。公司研发的 17 单兵睡袋专用保暖絮片以美军睡袋的指标为研制目标，在近百个的各类工艺方案中筛选出 $150g/m^2$ 和 $100g/m^2$ 两种规格，并经反复多次检测，其保暖性能超越于美军单兵睡袋，可在-35℃环境下使用。公司研发的 19 边防巡逻大衣保暖絮片保暖性、抗风性优异，是目前军用保暖絮片材料中保暖性能最好的材料，已批量装备用于特种环境。针对南海岛礁高温、高湿、闷热的特定环境，公司专门研制的热区岛礁防潮被，在保温性能不变条件下，比 07 防潮被重量减轻 60%，压缩弹性回复率提高 61%，蓬松度提高一倍多，已制定标准，即将装备。

4. 新颖化

（1）公司在絮片结构上大胆创新。江苏康大研发的多维蓄热保暖絮片，采用多维结构，添加纳米新材料，在提高纤维的光热吸收利用效能的同时使絮片兼备保温、隔热、蓄热的效果。多维蓄热保暖絮片突破传统絮片单一保暖性能，实现行业絮片双面功效技术，絮片由隔热保温层和蓄热保暖层组成，两面具有不同功能，朝外面为隔热保温层，具有隔热、保温性能，隔绝热对流，锁住温度。朝内层为蓄热保暖层，具有吸收全部可见光、热波长，转换成远红外能力。

（2）公司产品设计新颖。为适应品牌服装的应用需求，公司设计的多维蓄热保暖絮片吊牌获国家版权局版权登记。

沈阳飞行船："同步双面打印技术"独步天下

一、企业基本情况

沈阳飞行船数码喷印设备有限公司成立于 2004 年，是国内最早且较大规模的数码喷印设备制造商之一，拥有多项发明专利的高新技术企业，公司产品覆盖广告喷绘、纺织印花等多个领域。

该公司坐落于沈阳经济技术开发区。公司拥有先进的生产设备、完善的产品检测手段和质量保证体系。销售及售后服务网点分布于北京、上海、武汉、西安、成都、重庆、深圳等地，并在日本、韩国、新加坡、泰国、印度、越南、俄罗斯、意大利等国家建立了服务和代理机构。

沈阳飞行船数码喷印设备有限公司已通过 ISO 9001 质量管理体系认证，产品均已通过欧盟 CE 认证。2017 年被辽宁省经济和信息化委员会（简称经信委）认定为"省级企业技术中心"，2021 年公司被认定为"辽宁省瞪羚企业"，2022 年该公司被辽宁省工信厅认定为"辽宁省专精特新中小企业"，同时入围纺织行业专精特新中小企业。

同步双面打印技术是公司核心竞争力。该技术于 2016 年被沈阳市经信委列为沈阳市技术创新项目。2017 年 9 月，飞图单双面同步数码喷绘机荣获"中国机械工业名牌产品"百强。2019 年 10 月，同步双面数码印花技术被列入第十三批中国印染行业节能减排先进技术推荐目录。

近 20 年的数码打印技术研究，使公司积累了丰富的产品研发经验，形成了覆盖传动结构、供墨系统、控制硬件、打印软件、色彩管理等方向 10 余人的研发队伍，被业界公认为最具创新能力的喷印设备制造商。从 2004 年开始公司致力于"同步双面打印技术"的研究，先后推出了四代同步双面数码打印设备，获得 30 余项中国及国际发明专利授权及软件著作权。

二、主要产品及创新性

（一）同步双面打印技术

同步双面打印技术是可以实现双面打印一次完成的技术，先后获得了中国、美国、日本、欧洲等国家和地区的发明专利授权，该技术初期主要应用在数码喷绘领域，彻底解决了灯箱画面打光后颜色衰减的难题，全球范围内的机场、地铁、车亭、橱窗、招牌等高端灯箱媒体已采用此工艺。该工艺一次上布，正反两面喷绘同时完成。实现了双机同步双面打印、双机单面各自打印和网格布同步双面打印三大功能于一身；在打印工艺上独创了内光双喷、隔光双喷、创意双喷、专色双喷、网格双喷、旗帜双喷、双机单喷、动感灯箱等多种解决方案；实现了灯箱画面更酷、更炫的视觉变化效果，提升了广告画面的注意力和广告发布附加值。取得了多项国内外发明专利，达到了同类产品的世界领先水平。

数码印花已成为纺织印染行业未来发展趋势，但是墨水渗透力小、正反面色差大、服装缝制时容易翻纱露白等工艺缺陷也是数码印花亟待解决的工艺难题。飞图 TD1800 将同步双面打印技术与数码印花工艺结合在一起，实现了全球独创的纺织双面印花一次成型技术，两面花型对位准确，彻底解决了纺织数码印花正反面色差严重的工艺缺陷，同时满足了小批量、低库存、花型细腻、快速交货的环保生产方式。在织物的两面同时进行喷墨印花，织物两面没有色差，正反花型对位准确，深色和专色的花形图案表现完美，可以满足丝绸、羊绒、羊毛、棉布、混纺布等不同轻、薄、软面料的"一次"双面数码印花需求，并可以实现"同花同色、同花异色、异花异色"等多种双面印花工艺。

项目已获 PCT 专利 1 件，国内发明专利 6 件、实用新型专利 1 件，国际发明专利 3 件，软件著作权 10 件。项目主要技术指标达到任务书要求。经鉴定委员会专家评定，研发的一次成型双面数码印花设备达到国际领先水平。

项目已建成年产 50 台套、年产值 10000 万元规模的设备装配生产能力；建成双面数码印花加工年产能 36 万米、面料及服饰产品年产值 14000 万元规模的双面数码印花生产线；设备已出口意大利、日本、韩国等国家，经济与社会效益显著。

项目技术形成了一次成型双面数码印花设备及精准对位双面数码印花产品的生产能力，促进了数码印花技术的转型升级，提升了我国在数码印花装备及印花技术的自主创新能力和国际竞争力。

（二）同步双面打印技术创新点

数码印花技术的不断发展和完善，为印花行业的产业转型和技术升级带来了机遇和挑战。纺织品单面数码印花存在正反色差大、露白、翻丝等问题，因而双面数码印花技术逐步得到开发和应用。

1. 双面数码印花存在的关键性难题

（1）前后面料形变量大，花型无法准确对位。

（2）现有数码印花及其配套工艺，难以满足双面数码印花需要严格控制纵横向渗透、控制搭色和沾色等要求。

（3）图像识别系统识别精度偏低，对位过程需要人工干预等问题导致正反对位精度稳定性差。

2. 技术创新成果

一次成型双面数码印花技术方案，突破了织物变形大、图像识别精度低及稳定性差、无识别数据的图像难以自动跟踪对位等难题，主要技术创新成果如下：

（1）开发了一次成型双面数码印花设备及其在真丝绸上的应用技术，研制了同步双面打印结构与系统，实现在织物不同位置的正反面同步打印。

（2）研制了织物恒张力控制系统和图像调整自动对位技术，实现一次成型双面数码印花的稳定、自动、精准对位。

（3）创建了图像智能识别软件及 AI 图像模糊识别技术，通过对图像识别大数据进行学习，优化 AI 模拟曲线，计算无法识别图像的偏移值，解决无识别数据图像难以自动跟踪对位问题，实现正反两面图案的智能、精准、稳定对位。

（三）一次成型双面数码印花技术的应用

近几年来，一次成型双面数码印花技术及装备在真丝绸领域的应用得到了高速发展，产品上市后在意大利市场首发成功，这代表了欧洲丝绸印花行业对中国原创印花装备和技术的认可，目前意大利市场已经装机 18 台，双面印花产能达到 270 万米，同时意大利客户为欧洲奢侈品品牌加工的双面印花丝巾产品也已经在品牌专柜销售。

其中最具代表性的企业是意大利 RATTI 公司和意大利 MANTERO 公司。RATTI 公司是欧洲丝绸行业标杆企业、意大利上市公司，以丝绸印花、花型设计和面料销售为主，目前已装机 3 台设备，并且还预留了共计 10 台设备的场地空间。曼特罗 MANTERO 公司是意大利科莫地区最有规模的纺织行业家族企业，以丝绸面料印花和自主品牌丝绸围巾为主，目前已装机 2 台设备。

在国内市场，针对一次成型纺织双面数码印花设备，飞行船已经建成年产 50 台套、年产值 10000 万元规模的设备装配生产能力。针对双面数码印花加工及应用，已建成双面数码印花加工年产能 36 万米、面料及服饰产品年产值 14000 万元规模的双面数码印花生产线。

达利丝绸与惠冠数码是代表性企业，其中达利丝绸是国内规模较大的丝绸原料生产基地，主要客户都是国内外知名服装品牌，在丝绸行业有着非常高的话语权。惠冠数码是国内规模较大的台板印花企业，是国内外中高端服饰品牌的主要代工企业。惠冠数码积极向双面数码印花技术转型，希望可以突破传统台板印花的瓶颈问题。

三、专精特新发展的做法和经验

1. 专业化

公司拥有先进的生产设备、完善的产品检测手段和质量保证体系。近 20 年的数码打印技术研究，使公司积累了丰富的产品研发经验，形成了覆盖传动结构、供墨系统、控制硬件、打印软件、色彩管理等方向 10 余人的研发队伍，形成了数码打印设备专业化的人才团队，给产品开发、专业化生产打下了坚实的人员基础。

2. 精细化

公司注重精细化生产、精细化管理和精细化服务，制定了高于国家标准的企业标准、能直接指导生产的工艺文件，生产有严格的年度、月度、日计划，推行"6S"管理制度及精益化生产方式，按 ISO 9001 质量管理体系要求建立内部管理机构，使公司技术质量水平处于国内领先地位。

3. 特色化

公司产品设计新颖，同步双面打印技术是可以实现双面打印一次成型的技术方案，自主设计开发的"一次成型双面数码印花机""同步单双面数码喷绘机"等国际创新产品。获得国家发明专利 6 项，国际发明专利 3 项，软件著作权 19 项。

4. 新颖化

公司多年来注重研发投入，每年研发费用均占企业销售收入的 6%~8%，主要用于开发新产品、新技术、引进国内外先进的技术和装备，改进产品结构、提高技术质量水平，也用于开展产学研活动，重点保障引进科技创新人才等经费。公司的企业技术中心被认定为辽宁省级企业技术中心，以研发新产品、新工艺、新设备为主线，以培育企业核心技术为中心。以良好的创新环境给公司带来丰硕的科研成果。

江苏海科："海科云绒"解决传统纤维痛点

一、企业基本情况

江苏海科纤维有限公司（简称江苏海科）成立于 2018 年 8 月，位于江苏淮安市金湖县金湖经济开发区，建设有两条年产 9 万吨 PET 高净度瓶片及再生差别化涤纶短纤生产线。

公司配置了具有国内领先地位的成套自动化生产设备，运用多项先进的生产技术，致力于提供更好的纤维新材料，根据客户需求，量身定制，与国内数十家知名家纺、家居等大型企业建立了良好的战略合作伙伴关系，其中核心产品"海科云绒"以其"轻柔如羽，爽滑如丝，洁白如云，温暖如绒"的优良特性成为 2022 年北京冬奥会吉祥物"冰墩墩"的填充物。

公司坚持以创新引领发展，导入卓越绩效管理，通过了 ISO 9001 质量管理体系、ISO 14000 环境管理体系、OHSAS 18001 职业健康安全管理体系以及 ISO 27001 信息安全管理体系和 GB/T 29490—2013 知识产权管理体系以及能源管理体系认证，通过了出口企业 GRS 认证。

2022 年，江苏海科被评为国家高新技术企业、中国纺织行业专精特新中小企业、淮安市工程技术研究中心、淮安市企业技术中心、淮安市高精特新小巨人企业、淮安市创新型中小企业，后纺车间被评为"淮安市智能车间"。

二、主要产品及创新性

（一）海科云绒

江苏海科研发团队历时多年，经过无数次工艺的修改以及设备的研发，成功研发一款超细超柔的螺旋立体卷曲纤维产品，将其命名为"海科云绒"。海科云绒采用独创的高风速，低温骤冷工艺生产而成，海科云绒很好地解决了传统纤维的三大痛点：一是耐水洗性，海科云绒具有良好的水洗功能，水洗十次以上不变形；二是抛弹性，与其他纤维相比，同等抛度，云绒的用量可减少 20% 以上，并且经久耐用；三是保暖性，与其他同类纤维相比，海科云绒具有更保暖性，可运用于冬季棉服，各类被芯填充，温暖舒适。作为优秀的填充新材料，它兼备爽滑细腻的手感和卓越的抛弹性，同时还耐压缩，可水洗，各项性能可媲美羽绒。自问世以来，广泛应用于服装、家纺、玩具等市场，深得客户认可，并成为冬奥会吉祥物玩具"冰墩墩"的填充物。

（二）海科石墨烯云绒系列产品

2021年，江苏海科携手烯源科技（无锡）有限公司研发出海科石墨烯云绒和海科石墨烯量子点云绒系列产品。石墨烯云绒系列产品均以聚酯为基本原料，分别通过石墨烯熔融和石墨烯量子点熔融共混纺丝工艺而成，除具备海科云绒"轻柔如羽，爽滑如丝，洁白如云，温暖如绒"的优良特性外，更突出抗菌防病毒、防霉驱螨、远红外保健、蓄热保暖等优异功能。

1. 石墨烯云绒高吸光发热功能

海科纤维以聚酯材料为基础，利用纳米技术，在溶体中加入了适量的石墨烯，通过海科独特的云绒纺丝工艺制作成石墨烯云绒，石墨烯被永久植入在纤维中间，在保持传统聚酯纤维的优良性能的同时，利用石墨烯优异的热导性，更让石墨烯云绒具备了优良的吸光发热功能。

在接触到自然光的状态之下，云绒中均匀的石墨烯就像一张发达的神经网络，可以快速地吸收光线中的热能，并将其传导并包裹于云绒纤维之中，从而达成吸光后快速升温的效果，正是因为石墨烯超强的导热性，石墨烯云绒吸光发热的特点就是发热快，升温高。

通过日本BOKEN实验室的检测结果发现，在10min的时间内，石墨烯云绒比一般的纤维升温高了14.9℃，同时上海水星家纺内部实验室数据表明，同等实验条件下，石墨烯云绒比其他蓄能发热纤维升温高了16℃。

2. 石墨烯云绒的抗菌功能

石墨烯不仅是已知材料中最薄的一种，还非常牢固坚硬，石墨烯的原子尺寸结构非常特殊，必须用量子场论才能描绘。石墨烯是一种二维晶体，人们常见的石墨是由一层层以蜂窝状有序排列的平面碳原子堆叠而形成的，石墨的层间作用力较弱，很容易互相剥离，形成薄薄的石墨片。当把石墨片剥成单层之后，这种只有一个碳原子厚度的单层就是石墨烯。1mm石墨内包含300万层单层石墨烯，现如今已知最小的细菌是0.2mm，约是石墨烯的600倍，细菌在这样锋利的纳米级二维材料上游走瞬间就被割破细胞壁而死亡。石墨烯不但可以通过对细菌细胞膜的插入进行切割，还可以通过对细胞膜上磷脂分子的大规模直接抽取来破坏细胞膜从而杀死细菌。

3. 石墨烯云绒远红外线功能

石墨烯还具有诸多引人瞩目的光学属性，近年来IBM的研究人员已发现，石墨烯能吸收和辐射高达40%的远红外线。

人体也是一个天然的红外线辐射源，其辐射频带很宽，无论肤色如何，活体皮肤的发射率为98%，其中$3\sim50\mu m$波段的远红外线的辐射约占人体辐射量的46%。人体同时又是良好的远红外线吸收体，其吸收波段以$3\sim15\mu m$为主，刚好是在远红外线的作用波段。人体远红外线的吸收机制是通过人体组织的细胞分子中的碳碳键，碳氢键，氧氢键等的伸缩振动，其谐振波大部分在$3\sim15\mu m$，和远红外线的波长和振幅相同，引起共振共鸣。

远红外线能够深入人体的皮下组织，使皮下深层组织温度上升，扩张微血管，促进血液循环，有效排除体内寒湿，调节血压，改善心、脑、肝、肾等器官由于缺血引起的功能障碍，如高血压、心脑卒中、动脉粥样硬化等，强化血液及细胞组织代谢，改善微循环，提高细胞的解毒、排毒功能，防止癌细胞发生和发展。

在远红外光子，特别是 $2\sim6\mu m$ 远红外光子的作用下，通过海科独特的云绒纺丝工艺制作成石墨烯云绒，石墨烯被永久植入在纤维中间，在保持传统聚酯纤维的优良性能的同时保持物理远红外功效，使生物体的分子能级被激发而处于较高振动能级，这便激活了核酸蛋白质等生物大分子的活性，从而发挥了生物大分子调节机体代谢、免疫等活动的功能，有利于人体机能的恢复和平衡。

三、专精特新发展的做法和经验

1. 专业化

江苏海科纤维有限公司拥有自主知识产权的全自动大容量生产流水线 2 条，配备了两级熔体过滤器、螺杆挤出机、输送铺丝机等大中型设备 300 多台套，可日产涤纶短纤 300 吨，处于行业领先水平。

公司加快生产设备升级改造，除选择国内最先进的专业设备外，公司还进行自我研究，与专业制造商进行合作，制造了"海科设备"，现拥有各类知识产权专利 20 多项，发明 2 项，这些设备的投入运行既降低了人力成本又提高了生产效率和产品质量。

2. 规范化

公司注重规范化管理，从原材料进厂到生产工艺的制定和售后服务的跟踪都体现一个"规范"。公司制定了高于国家标准的企业产品标准，针对不同类产品完善了不同产品的工艺文件，有效地把控各类产品的质量，生产上有严格的年度计划、月度计划和周排程计划，生产现场推行严格的"6S"管理制度及卓越绩效管理模式，加大规范流程和细化考核管理，优质的产品、规范的管理、优秀的售后，使产品的产能不断攀升，产品的质量逐年提高，无论是产品市场占有率还是产品满意度评价，在同行业中均遥遥领先，深得客户和市场的好评。

3. 特色化

"海科云绒"是公司在业内的创新产品，它具有普通涤纶短纤所不能相比的优异特性，它兼备爽滑细腻的手感和卓越的抛弹性，同时还耐压缩，可水洗，各项性能可媲美羽绒。2021 年，"海科云绒"申请了国家发明。2022 年，新研发的海科石墨烯云绒和海科石墨烯量子点云绒，更是具备海科云绒的优良特性外，更突出抗菌防病毒、防霉驱螨、远红外保健、蓄热保暖等无与伦比的优异功能，受到客户的一致好评。公司目前已经成为水星家纺、宜家家居等知名厂商的主要供应商，所研发的新产品海科云绒、海科石墨烯云绒、石墨烯量子点云绒已成为抢手货。

4. 科技化

公司多年来注重加大科技投入，将研发费用列入企业的预算，规定每年的研发投入不能低于销售收入的 6%，主要用于新产品、新技术、新设备的研发，引进国内外的先进技术和装备，调整产品结构，提高质量水平，高薪聘请高科技人才加盟海科的研发团队，与多家知名高校达成产学研合作协议，共同成立研发中心和实验室，通过这些载体开展多方面的合作研发，来提升产品的档次和技术的更新。三年来，公司的产品结构得到了很好的改善，新产品销售量占总销售量的 60% 以上，公司共申报国家发明专利 30 多项，已授权 20 多项。

青岛百草：大生物（生物功能）材料的创始者

一、企业基本情况

青岛百草新材料股份有限公司（简称青岛百草）是一家专注于大生物（生物功能）材料研发、生产和销售的高新技术企业，创造性地将生命科学、材料科学与现代纺织技术完美结合，在纤维、塑料、皮革、涂料、建材中加入生物活性分子进行改性，研发出百草薄荷、百草艾草、百草板蓝根等一系列具有生物功能的材料，引领了人类的健康生活和新材料领域的绿色革命。通过大生物（生物功能）材料产品，打造健康城市，为家庭、行业提供环境、健康、安全（environment health safety，EHS）解决方案。

公司长期专注大生物（生物功能）材料研发，建有"全国生态功能性纤维技术研发中心"，建有新品研发实验中心和分析测试中心。公司参与制定 10 项国家标准，主持制定 2 项行业标准和 15 项团体标准，正在筹划制定国际标准。公司建有全国生态功能性纤维技术研发中心、青岛市专家工作站、博士后创新实践基地，通过专家工作站和创新基地建设，提高了公司科研实力，为产品升级提供不竭动力，为吸引高端专业人才、提高公司市场核心竞争力打下坚实基础。青岛百草将实现打造万亿级大健康产业细分领域的千亿级市场领军企业的发展目标，引领大生物（生物功能）材料应用的趋势和发展，是中国材料行业内大生物（生物功能）材料的创始者和领航企业。

二、主要产品及创新性

（一）百草大生物（生物功能）纤维

青岛百草围绕国家经济主战场中通用纤维提质增效的迫切需求，针对人民生命健康用生物活性功能纤维开发过程中活性组分功效、耐久与纤维可加工难以统一的难题，将生物科技、材料科技和纺织科技相结合，赋予通用纤维生物活性功能和特有体感，促进我国大健康纺织产业发展和技术进步。

生物大健康纺织材料工程是"十四五"纺织行业推动实施的重点工程之一。利用天然来源的生物活性组分赋予纤维功能特性，使其具有健康防护、舒适保健等功能具有重要意义。公司着力研发在纤维成型过程中创新引入生物活性组分，重点攻克了生物活性组分合成与高纯萃取、功能组分多结构杂化负载、生物活性功能纤维成型加工及产业化等系列关键技术。

大生物（生物功能）材料具有创新性和国家自主知识产权。目前，已上市的百草原茶、百草薄荷、百草艾草、百草草珊瑚等功能纤维已广泛应用于时尚服装、家居内衣、婴童服、家纺等多个纺织领域，得到了足力健、安踏、爱慕、英氏、好孩子、即发、海澜之家、梦洁、博洋、罗莱、网易严选、海氏海诺、全棉时代、吉利、长城、圣象地板、天坛家具等众多顶级品牌的认可和应用。产品也连续三年被列入军民融合推介目录。

（二）百草大生物（生物功能）纤维创新点

本产品具有显著创新性、引领性和产业示范性，突破了生物活性组分获取—组分杂化负载—功能纤维成型全产业链制备技术，提高了我国大健康产业生物活性纤维材料及其纺织产品的国际核心竞争力和话语权。

（1）在保留并强化了纤维物理指标的同时，使生物活性成分与纤维材料均匀、稳固地结合，解决了活性成分不耐高温、强酸碱的情况。

（2）制得的功能纤维具有良好的抑菌、抗病毒、瞬间凉感、吸湿发热、抗紫外线、发射远红外线、驱蚊、防霉、防螨等功能。

（3）产品功效持久、耐洗耐磨，经过50次水洗可达AAA抗菌，经过100次水洗仍具有抑菌功能。

（4）产品中的生物活性成分来源于自然界，不同于传统的有机类和无机类抗菌剂，本身对人体无害，产品安全、无副作用，绿色环保。

三、专精特新发展的做法和经验

1. 创新化

为保持企业创新能力，规范企业创新管理，公司建有全国生态功能性纤维技术研发中心、企业技术中心、青岛市专家工作站等创新平台，和东华大学朱美芳院士领导的纤维材料改性国家重点实验室共同成立了"青岛百草—东华大学联合研发中心"。公司拥有丰富的国内外研发资源和产业资源，集聚了一批具有丰富生物功能材料研发及生产经验的相关人员，组建了一支由院士、研究员、教授、高级工程师等组成的高层次、权威的专家团队，为创新提供强有力的技术支持。公司是中国大生物纤维产业发展联盟理事长单位、中国石墨烯改性纤维及应用开发产业发展联盟理事单位，以生物功能材料上下游企业为主体，并联合了相关高等院校、科研机构、权威检测机构共同参与，将推动优势产业集聚发展，围绕生物功能技术创新的关键问题，开展联合攻关，突破产业发展的相关核心技术。创新对企业具有十分显著的带动作用，通过这些新产品、新技术、新工艺的应用，对于提高公司知名度，提升产品质量，增加公司销售收入，扩大市场占领份额，起到了重要的支撑作用。

2. 精细化

公司每年投入大量研发经费进行技术攻关与技术研究应用，通过加大科研投入，规范经费使用管理，增强在科技创新中的主体作用与科研成果的转化能力，提升机构对科研成果的应用性、服务性和持续性发展水平，为高新技术成果的产业化转化提供技术支撑。为保证研发创新所需资金，公司对研究开发经费的使用制定了一系列财务管理制度，配备专业财务经理对研发经费进行专项管理。

公司不断增强在创新研发方面的人才团队建设，除了研发人员的扩大和培养，同时先后与东华大学、青岛大学、山东科技大学、天津工业大学、逢甲大学、路易斯安那州立大学等科研院所进行生物功能性新材料的研发合作，拥有强大的外部专家团队。人才团队成员既有高层次的技术带头人、核心骨干，又有博士、工程师、研发经理等中坚力量，还有试验人员、管理人员等一般工作人员，做到团队的研发和组织管理完善，配置合理。在组织管理上，建立以带头人为核心的管理领导小组，定期召开调度会，对项目实施中出现的问题进行协调和及时提出解决方案并予以改进。在项目组织支撑方面，加强与主管部门的合作，建立一套规范的管理体系，实行带头人质量责任制，加强技术管理的有效性和研发过程的科学性以及准确性。出台管理规章制度、加大资金投入、加大研发人员激励和产学研合作等方式，健全工作机制，创新管理方式，建立涵盖项目准备、组织、实施、过程评估、考核、风险控制和验收的全程管理机制，构建起"规范化、流程化、知识化、智能化、协同化"的项目运维保障机制，对项目总目标的实现提供强力支撑。主要通过物质激励和精神鼓励两种方式加强项目参与人员的素质能力，以体制机制和培训模式创新为动力，不断增强项目团队的凝聚力。

公司通过 ISO 9001 管理体系认证的审核并获得证书，严格执行产品质量标准，十分重视质量管理和质量保证体系的建设和完善，大力弘扬质量文化，拥有完善的质量保证体系和保证能力，能有效实现产品全寿命周期管理。从设计开发、原材料采购、加工生产、贮运管理、产品交付到售后服务等产品实现的各个环节，公司都有一整套行之有效的质量保证体系。

3. 专业化

公司在全球拥有完全自主知识产权，形成了全方位保护自身知识产权的专利池，专利池也在进一步扩张和多元化。同时主导起草制定国家标准、行业标准、团体标准和企业标准数十项。公司致力于大生物（生物功能）材料研发和推广，创造更有利于人类健康的绿色材料产品，为人类健康服务。

截至目前，企业已取得 49 项自主研发的中国发明专利、16 项国际专利、31 项实用新型专利，在途申报中的发明专利约 200 项。陆续推出百草薄荷、百草草珊瑚、百草丝麻、百草罗布麻叶、百草板蓝根、百草原茶等系列产品，并广泛应用于纺织、塑料、皮革、涂料、建材等领域，持续引领着生物功能性材料应用的快速发展。公司是国内众多一线品牌的优质原材料研发和供应商，能够满足不同客户的研发需求，为市场持续提供具有竞争力的产品，推广绿色、健康的生物功能性材料产品。

富之岛美安：打开聚乳酸高质量应用之门

一、企业基本情况

江苏富之岛美安纺织品科技有限公司（简称富之岛美安），成立于 2003 年，坐落于全国著名的重点纺织工业基地江苏南通海门，公司深耕于纺织行业近 20 年，并获得 ISO 9001、ISO 14001、ISO 18001、OEKO-TEX100，USDA 等多项国际认证；企业拥有发明专利 20 多项。在"十三五"时期，坚持绿色发展，"两降低、三提高"，即降低资源能源消耗强度以及"十四五"时期，公司致力于环保、科技、功能、自然、健康、低碳概念的新型纺织纤维材料聚乳酸纤维的研究开发及应用推广。2021 年 8 月与中国纺织规划研究会共建了"国家纺织聚乳酸纤维应用研究院"，聚焦聚乳酸这一可完全降解的生物基新材料的研发、应用，展开了聚乳酸纤维与天然纤维等含量优化设计研发，双组分以及多组分的纱线，针梭织面料应用开发，用数据向客户提供了最佳舒适度研究报告，促进家纺，服装高质量发展产业化，旨在成为纺织服装新材料新产品的重要策源地及高效率高品质的供应商。

富之岛美安承担的"差别化功能聚乳酸纤维的关键技术与产业化"项目通过鉴定委员会专家鉴定，认为项目整体技术达到国际先进水平。公司开发的聚乳酸系列产品（聚乳酸纤维抗菌防螨绒枕、凉感吸湿排汗聚乳酸扎染 T 恤、聚乳酸纤维缎纹床品套件等）在 2021 年、2022 年连续两年荣获"十大类纺织创新产品"奖。公司主导的"差别化功能聚乳酸纤维的制备技术与产业化项目"荣获 2022 年中国纺织工业联合会科学技术二等奖。目前，公司聚乳酸纤维产品从纱线、面料、填充都已经形成稳定销售，与国内外知名企业，一线品牌形成战略合作关系，在推动聚乳酸纤维材料全面产业化的道路上奋勇前进。

二、主要产品及创新性

（一）聚乳酸纤维

"十四五"时期，绿色发展成为全球产业发展的刚性需求。中国纺织工业联合会将发掘符合环保、科技、功能、自然、健康、低碳概念的新型纺织纤维材料，在全行业中进行推广与应用，而聚乳酸（PLA）纤维及纺织产品则符合"十四五"绿色可持续发展的总纲。

据了解，聚乳酸（PLA）是以可再生生物资源为原料的生物基高分子 100% 可降解材料，属于环境友好、绿色环保、功能型生物基纺织材料。纤维呈天然弱酸性，pH 值与人体肌肤的 pH 值相近，亲肤护肤不致敏、天然抑菌防螨防霉，天然抗紫外老化、难燃等特性，在纺织业具有广泛的应用前景。

聚乳酸纤维有诸多优点但也有诸多不足，尤其是玻璃化温度低、耐热性不佳、抗水解性能差、可纺性不佳以及染色难等问题，在纺织工业上使用受限。因此，江苏富之岛美安纺织品科技有限公司作为"国家纺织聚乳酸纤维应用研究院"的依托单位，成立了专门的项目组，围绕"差别化功能聚乳酸纤维的关键技术及产业化"课题，在聚乳酸的分子结构以及性能上进行了大量的研究，主要研发工作包括：

（1）左旋聚乳酸/右旋聚乳酸（PLLA/PDLA）立构复合耐热改性技术研究。研究右旋聚乳酸用量对左旋聚乳酸结晶结构、热性能、熔体强度的影响；研究温度、时间、张力对立构复合聚乳酸晶体类别、结晶度、晶粒尺寸的影响；研究结晶结构与聚乳酸耐热性能、水解性能的构效关系。

（2）差别化聚乳酸纤维高效纺丝技术研究。PLA 切片干燥方式筛选，探索 PLA 干燥新方法；设计不同纤维截面结构，探究截面结构对纤维的力学性能以及可纺性的影响；研究螺杆结构、熔体管道长度和管径、挤出速率等关键参数对可纺性以及纤维性能的影响。

（3）差别化聚乳酸纤维原液着色技术研究。研究环保色粉的表面修饰技术，探究环保色粉表面修饰、粒径、添加量对分散均匀性的影响；研究制备工艺参数对聚乳酸色母粒颜色的影响；研究色母粒和聚乳酸切片的高剪切共混技术。

（二）创新点

"差别化功能聚乳酸纤维的关键技术及产业化"项目创新地开展了 PLLA/PDLA 热/力耦合热诱导立构复合改性研究，探明立构晶体含量对 PLA 稳态纺丝及聚集态结构的影响；并研制了立构复合聚乳酸热/力耦合诱导专用装置，实现立构复合聚乳酸纤维结晶结构与力学性能的同步控制，通过立构复合改性，使聚乳酸纤维熔点提高近 50℃。

攻克 PLA 纤维原液着色关键技术，解决 PLA 纤维染色难题，所研发的有色 PLA 纤维的皂洗色牢度、水洗色牢度和摩擦色牢度均≥4 级，明显优于传统染色工艺。改造原液着色 PLA 纤维加工装置，提高了纺丝设备精度，疵点含量≤1.6mg/kg。中试产品经 SGS 通标标准技术服务（上海）有限公司检测：纤维熔点 210℃，120℃染色 60min 后纤维拉伸强度保持率达到 90%，纤维制品耐水洗色牢度 4~5 级，耐日晒 4~5 级。综合能力达到了国际先进水平。

多种异形截面功能性聚乳酸短纤长丝（十字型、三叶型、4T 型、中空型、莲藕四中空型、大王型等等）、耐热抗水解聚乳酸纤维、双组分复合高弹聚乳酸纤维、高性能阻燃聚乳酸纤维、植物染聚乳酸纤维等产品，拓展了聚乳酸纤维的应用范围。未来聚乳酸纤维将广泛应用于服装用纺织品、装饰用纺织品、产业用纺织品。

目前，美安纺织聚乳酸绒、聚乳酸纯纺面料，聚乳酸与天然纤维混纺面料，已与爱慕、森马、罗莱、梦洁、鄂尔多斯、361°、本草伦（健康家居）等服装家纺品牌开展合作，未来可期。

三、专精特新发展的做法和经验

1. 产业化

由于乳酸绒来源于光合作用形成的生物质，可被人体吸收代谢，产品废弃后在自然条件下，通过海水或者土壤中的微生物作用完全降解为 CO_2 和 H_2O，其降解产物无毒无害无微颗粒，不会造成污染，真正实现了绿色生态的可循环。由于其无毒无味超强持久压缩回弹性，可广泛运用于保暖服装、被芯、枕芯、靠垫等产品领域。可满足需要替换羽绒填充的所有客户需求，更为环保伟业做出贡献。

据了解，国内某著名运动品牌的面料如果全部换成聚乳酸，一年可以节省 3 亿立方米的天然气，约等于 26 亿度电，62 万吨煤的消耗量。可以说聚乳酸真正践行了"绿水青山就是金山银山"的理念。

很多纺织企业也看好聚乳酸领域，目前国内企业在建聚乳酸项目 58 万吨，规划项目 100 余万吨，未来聚乳酸原料国产化将会带动聚乳酸纤维的快速增长。

2. 特色化

据悉，根据国家生态纺织品质量监督检验中心检测，聚乳酸制品对金黄色葡萄球菌、大肠杆菌等的抑制率接近 90%，符合国家标准 GB/T 20944.3—2008《纺织品抗菌性能的评价　第 3 部分：振荡法》对于具有抗菌效果的纺织品需要达到 ≥70% 的抑菌率的要求，能够达到 3A 级的抗菌效果。另外，经国际权威检测机构 SGS 测试验证聚乳酸也具有极强的防螨效果。因此，聚乳酸特别适合用作床上用品与医疗卫生用品，如被絮、卫生巾、护垫、纸尿裤、医用纱布、绷带、敷料、医用床单等。

基于聚乳酸纤维对人体皮肤的友好性能，以及特殊异型截面纤维带来的导湿快干、轻量保暖、蓬松柔软等功能将被广泛应用于运动休闲服装、校服、内衣内裤、家居、婴童服装、手套袜子、保暖服装等一系列服装用纺织品；改性的高弹性聚乳酸纤维，良好回弹性以及抗菌性在鞋材上有广阔的前景。聚乳酸纤维天然的抑菌防螨防霉、难燃等性能还适用于装饰用纺织品（室内用品，床上用品和户外用品）包括地毯、沙发套、窗帘、毛巾、浴巾、床单、被套、被面、枕芯、被芯、酒店布草以及户外铺毯、帐篷、冲锋衣等一系列产品。

产业用纺织品上使用范围也很广泛，适合生产针刺非织造布、热轧非织造布、水刺非织造布等产业用纺织品，可应用于面膜、棉柔巾、干/湿巾、婴儿尿不湿以及女性卫生用品；还适用于医疗卫生领域：聚乳酸防护口罩、防护服、防护帽、防护脚套、一次性医用床垫、一次性卫生用品以及空气过滤网等。

3. 绿色化

当前，全球对低碳经济的重视度与日俱增，我国也提出了"双碳"目标，各省市也在不同时期下达了"禁塑令"，用生物基替代石油基产品，以"绿色革命"结束"白色污染"并转向低碳经济，是全球解决经济增长与环境问题的长期战略。

　　聚乳酸作为典型的碳中和、可再生、生物全降解的生物高分子材料，是继石化高分子材料之后又一变革性新材料。尽管当前因原料价格高，导致应用缓慢，但随着上游原料（聚乳酸切片）在国内外规模化后，原料成本会大幅度降低，当聚乳酸纤维与棉花等天然纤维接近时，未来必将逐步走入寻常百姓家。

　　更重要的是，经过近20年的技术研究和应用实践，我国已具备规模化工业实施聚乳酸产业发展的雄厚基础，通过"政产学研用"层面的通力合作，多学科跨界组合创新，全产业链技术与装备融通，在解决制约行业发展技术难题的同时，有希望在禁塑领域、纺织服装领域迎来快速发展，为实现"双碳"目标做出贡献。

瑞鹰科技：中国印染成本节省专家

一、企业基本情况

瑞鹰（中国）科技新材料发展有限公司（简称瑞鹰科技）旗下子公司石狮市瑞鹰纺织科技有限公司是一家集科研、生产、销售为一体的专业纺织印染助剂生产企业，所生产的产品覆盖纺织印染全过程，从前处理、染色印花、柔软处理到后整理（功能性），涵盖各系列。公司秉承"节能环保、专业创新、合作共赢"的经营理念，为客户提供优质解决方案与配套染料助剂。

公司先后荣获专精特新中小型企业、"中国十大纺织科技绿色先锋奖""中国诚信建设百强企业""全国质量服务诚信示范单位""全国重合同守信用信誉企业""全国十佳诚信经营示范单位""福建省级高新技术企业""国家级高新技术企业""中国印染行业协会环境保护技术专业委员会委员"等殊荣。公司的"棉及混纺针织物染色短工艺低成本流程"于 2019 年、2020 年连续两年被列入第十三批和第十四批中国印染行业节能减排先进技术推荐目录并荣获中纺联合科技成果优秀奖（国家级）。迄今为止公司已申报国家发明专利和实用新型专利共 35 项。2021 年正式成为蓝标（bluesign）合作伙伴。

目前，主打棉印染、针织印染、化纤印染、梭织印染、涂层产品、日化用品年产量超 3 万吨。为持续提升公司产品研发能力及确保行业竞争优势，公司先后与西安工程大学、东华大学、五邑大学等多所高校建立校企科研合作关系。2021 年成立瑞鹰云课堂公益直播。

经过数年耕耘，公司在国内的客户遍及福建、江苏、浙江、广东、江西、河北、湖北、山东等省，国外涵盖东盟及欧美等地区，所有客户均为优秀印染企业和品牌服装企业。

二、主要产品及创新性

自 2021 年正式成为蓝标（bluesign）合作伙伴开始，瑞鹰科技持续进行蓝标产品认证，推动行业高品质可持续发展。蓝标认证产品系列如下：

螯合分散剂 RY-216B（对重金属离子有优异的螯合封锁性能，软化水质）

分散清缸剂 RY-239（清除染色设备及各类容器内所沉积的化纤低聚物、污垢、器壁黏物）

省水清洗剂 RY-319A（替代保险粉，节省用水，节省酸中和与水洗时间，COD 值比

保险粉低 40% 以上，安全稳定）

环保节能粉 3207（替代保险粉，节省用水，节省酸中和与水洗时间，COD 值比保险粉低 40% 以上，安全稳定）

环保节能分 3207A（替代保险粉，节省用水，节省酸中和与水洗时间，COD 值比保险粉低 40% 以上，安全稳定）

酸性匀染剂 RY-N601（促进染料分子缓慢均匀上染纤维，提高染色重现性）

酸性固色剂 RY-N605（显著提高尼龙染色牢度性能，具有稳定固色效果，良好的重现性）

多功能固色剂 RY-517（改善织物色牢度，有效避免固色后色浅产生）

多功能固色剂 RY-590A（提升织物色牢度，改善皂洗、升华色牢度）

棉用省水固色剂 RY-868（节省皂洗后多次水洗，省水 3~5 缸，减少废水排放 30% 左右，明显提升纯棉织物色牢度）

湿摩擦牢度提升剂 RY-506（对湿摩擦牢度明显改善与提升，耐洗性好，织物手感柔软）

无氟超强防水剂 RY-F038（超强防水性能，优异耐洗性能，预防及改善手抓白，美国生物基认证产品）

三、专精特新发展的做法和经验

1. 专业化

自瑞鹰科技新材料有限公司成立以来，始终专注纺织印染助剂领域，专业生产涵盖前处理到后整理各工序节能环保的印染助剂，致力于为客户提供优质配套的解决方案。多年来，主打棉印染、针织、梭织、印花、涂层产品，助剂年产量超 1 万吨左右。目前已形成蓝标、节能、防水、硅油、尼龙等五大系列产品。明星产品如环保节能粉 RY-3207A 深受客户青睐，远销福建、江苏、浙江、广东、山东等省。

瑞鹰科技以创新为驱动力，加大研发投入，将产品研发与市场需求紧密结合，对内设立研发生产中心，下设专门的实验室，培养专业化人才团队。公司的研发工程师拥有多年的研发经验，扎根助剂研发行业 15 年经验以上的不在少数，更有新鲜人才不断输入，为持续开发节能减碳环保产品、专业化、精细化、一体化生产奠定坚实的人才基础。此外，公司还聘请纺织印染助剂行业专家进行特色化产品深入研究，协作致力打造"瑞鹰科技：中国助剂、国际品质"。

2. 精细化

除了在工艺创新研发上下功夫，瑞鹰科技在公司内部积极推行精细化管理，科学有效提高员工工作效率，提升员工积极性，努力打造一支高质量、高标准的精英团队。公司细化岗位职责，落实岗位责任制与绩效考核制，践行"多劳多得"理念，鼓励科研人才踊跃创新，既不辜负每一位瑞鹰人的辛勤付出，也不放任懒散怠职推诿等现象发生。在瑞鹰生产车间，严格执行生产、设备、安全等各类制度，既保障员工的安全利益，也确保生产的有序进行。

公司十分重视员工的成长，积极组织专业技能等培训，邀请名师为员工讲授技能知识，推进标准化作业，公司管理层将"精益管理"理念融入公司生产与员工管理中来，持续推进标准化建设。先后建立运行质量管理体系、环境管理体系、职业健康安全管理体系、安全标准化管理体系等四大体系，不断提升生产车间管理水平。

3. 特色化

瑞鹰科技专注于研发生产节能减碳、短工艺、省水、省电、省时的系列助剂，销往全国各地的印染企业。

每年都会合理制定公司发展规划，根据市场需求不断创新与优化产品。在当前绿色清洁化生产的主旋律下，瑞鹰科技在节能减碳产品上取得了优异的成果，研发的"一条涤棉混纺针织物的染色方法"获国家发明专利，"涤棉混纺针织物短流程染色助剂与工艺"获中国纺织工业联合会科学技术奖（国家级），截至目前，公司所获专利多达35项，发明的"棉及混纺织物染色短工艺低成本流程"连续两年（2019年、2020年）被列入第十三批和第十四批中国印染行业节能减排先进技术推荐目录并荣获中纺联合科技成果优秀奖（国家级），且公司于2021年获得了蓝标（bluesign）认证，体系趋于完善，促使瑞鹰科技在印染纺织化工领域的影响力大大提升。

公司加强高质量发展，秉承着专精特新精神，不断开发节能减碳的助剂产品，减碳产品之一的棉用省水固色剂RY-868，专门适用于棉及其混纺织物活性、直接染料染色后使用，较传统的活性染料染色工艺，处理后水质基本清透，可省水3~5缸，减少废水近30%，节能20%，节约时间1~1.5h，并且不会影响织物色光与色深，对织物湿摩擦色牢度还有提升效果，是一款性能优异的节能环保产品，符合欧盟OEKO-TEX100要求。

向内公司不断提升产品品质，向外扩大品牌知名度，实现跨越式发展。公司总经理夏继平先生创立了瑞鹰云课堂且每周亲自直播，不断创新内容传播形式，通过公益课堂分享讲解行业相关知识，将瑞鹰科技"节能减碳"的理念融入课堂中来，不仅帮助行业内人士学习到助剂干货内容，也为推动落实国家"双碳"政策做出不少贡献，公司也将推广绿色环保、节能减碳产品纳入长远目标。直播创新不仅展现出瑞鹰积极融入全媒体时代所作出的成绩，也体现了瑞鹰对社会的责任感与担当精神。

4. 新颖化

随着科技发展和消费水平提升，功能性纺织产品的需求量也逐年上升。其中防水功能是通过后整理赋予面料防水特性，从而满足消费者需求。公司研发人员多年来刻苦钻研，努力寻找降低对生态环境影响的活性剂，研发出了三款环保型的无氟防水整理剂，分别是无氟超强防水剂RY-F038、无氟阴干防水剂RY-F037、无氟防虹吸防水剂RY-F039。这三款产品针对不同面料的防水处理，相同的是都拥有较强的防水性、耐洗性，与市场上常用的氟碳类防水整理剂相比，产品不易在生物体内沉积、容易降解、对人体无害，且通过了美国农业部生物基产品认证，是更加安全环保的产品。

　　公司不断进行技术创新，提升产品科技含量，短短几年被评为专精特新企业。总结起来，瑞鹰发展有三点经验值得借鉴：一是专攻助剂创新领域，提升瑞鹰产品性能；二是坚持绿色主基调，推广节能减碳新工艺；三是巩固创新节能理念，加快研发新产品。

锴铨智能：纺织行业智能质检的领航者

一、企业基本情况

上海锴铨智能科技有限公司（简称锴铨智能）成立于 2019 年，专注于人工智能质检行业应用，主要提供纺织品的瑕疵智能检测和平面材料的人工智能质检，为企业建设全流程智能质检解决方案。

作为国家高新技术企业和纺织行业专精特新企业，锴铨智能以推动纺织行业智能制造为己任，以"AIQC 智能质检"为主要理念，以人工智能视觉产品与智能机器人为主要研发方向，研发适合纺织行业使用的人工智能产品，推动行业质检方式的提升，致力于提升纺织行业质检环节的智能化、标准化、数据化及效率化，是纺织行业智能质检的领航者。

2020 年，锴铨智能获评上海市"国家高新技术企业"和百度智能云解决方案合作伙伴。

锴铨智能深耕行业，坚持研发投入，围绕客户需求持续创新，打造全场景，多领域的人工智能应用系统。锴铨智能研发的 AIQC 晓布智能质检机器人和 AIQC 智能质检系统，拥有自主知识产权，4 项发明专利和 8 项软件著作权，研发的多工业相机同步系统和高精度色差检测系统，领先同行。目前，锴铨智能已与行业头部企业合作，得到了雅戈尔、爱慕、百度、波司登等品牌商的认可。

未来，锴铨智能将重点市场定在长三角、华南、福建三个地区，逐渐布局全国 73 个重点产业集群，重点布局展会和行业智能制造交流会。

二、主要产品及创新性

1. AIQC 晓布智能质检机器人

AIQC 晓布智能质检机器人采用锴铨智能自主研发的瑕疵识别算法，结合高精度多摄像头疵点捕捉系统，以纺织品面料瑕疵大数据、检验流程、使用场景作为支撑，针对纺织品面料外观检验、质量评判等需求而研发，是应用于纺织品外观质检的智能机器人。

锴铨智能在设计研发的过程中，重点突出三大优势：第一是统一检验标准，这款机器人应用了人工智能算法，通过瑕疵大数据的学习，可以识别二十几个大类纺织品瑕疵问题，检测准确度可达 95% 以上。第二是具有 40~80m/min 的高速检验和简化操作流程，可节约检测时间、使效率更高，同时功能集成度高，占地面积小，操作方式人性化，简化了工人检验的工作，使验布工作能够轻松展开。第三是检验信息实现物联共享，检测过程中的数据实时反馈，同时还能传输给上下游企业，进行信息共享。随着纺织行业当前对质量的要求越来越高，AI人工智能的检测设备对整个行业的质量提升，起到了极为有利的促进作用。

晓布智能质检机器人搭载功能强大的AIQC纺织品智能质检软件，具备面料外观检验、疵点分类、色差分析及出具检验报告等多种功能，还采用了IOT工业物联网管理与ERP企业管理系统，能有效提升面料信息数据管理、精准地记录每一米面料的结果，使纺织品面料外观检验信息化、可视化、规范化。除此之外，以纺织品检验为实用场景，通过人工智能深度学习，替代纺织品检验行业原有的低专业化、低信息化、低标准化模式。

纺织企业使用错铨智能推出的晓布智能质检机器人，较之人工检测，效率提升100%，漏检率从人工的高达40%降低到5%以内，准确率达到95%以上，让检验更准确，更标准。大幅避免不良品在生产环节的流动，降低成品的次品率，将企业的索赔损失减少50%以上，帮助企业有效地控制成本。生产过程中的高效中检，大幅减少次品的产生，节约了企业的成本。

2. AIQC智能质检系统

通过AI摄像头采集数据，不断学习工人的识别能力，形成与工人鉴别标准一致的算法模型，轻松识别瑕疵。系统将可以根据鉴别结果，自动对正品布和次品布进行分类，进入到不同立体仓库。

目前，在智能质检环节，工人检出率60%。AI检出率目标是达95%，速度比人工快2倍。同时，智能质检系统保证了产品瑕疵漏检率低于2%，分类准确率大于85%。

瑕疵检测系统贯穿了纺机改进、织造检验、坯布检验、成品检验全流程，能够及时、快速、准确检测出表面缺陷，自动记录缺陷位置，并辅助人工查看、处理瑕疵信息，不仅提升了工作效率、改善了生产工艺，提高了产品质量，同时也降低了对人工的依赖，节省了生产成本，真正实现了传统行业数字化转型。

错铨智能目前服务的客户包括服装品牌客户、面料制造商、印染厂和汽车内饰供应商等。在纺织品成品检验环节，通过人工智能深度学习，替代纺织品人工检验原有的模式。取得了客户的广泛认可与好评。

3. 全类别的纺织面料瑕疵数据库

该数据库具备覆盖纺织品各类面料、1500TB的纺织品面料数据积累，60种瑕疵，共5000万张图像的数据，涵盖了纺织全产业链的瑕疵类别。目前是行业比较完整的瑕疵数据库，能够持续快速积累面料瑕疵数据。在数据处理方面，错铨智能通过自建数据标注处理团队，保证人工智能模型数据的质量和安全，快速响应不同客户的细分需求。可检测瑕疵类型多达15种瑕疵大类，可根据客户需求定制。

面料瑕疵自动AI识别，实时化、标准化完成面料检验报告的输出，清晰展现布匹的关键特性，提供本地打印与线上查阅。相对于传统面料检验报告更加高效。

三、专精特新发展的做法和经验

数字技术已成为科技创新过程中的关键要素，大数据、人工智能、移动互联网等现代信息技术的发展塑造了全新的经济形态并为传统产业深度赋能，数字化转型正以前所未有的速度和力度推动科研范式变革、产业技术升级和产业经济发展。

锴铨智能深耕纺织行业应用，抓住5G的时代大潮，将人工智能在纺织行业的应用进一步推广开来。目前，锴铨智能以面料成品检验为主，后续会向生产端的上游延伸，从生产过程源头来避免面料瑕疵问题的产生。另外，锴铨智能依托现有优势通过给每一批布料设置附带质检信息的射频识别技术（RFID）"身份证"标签和利用5G技术带来的万物互联，为下游企业提供智能化仓储和物流的硬件基础。

作为传统劳动密集型行业，纺织产业数字化转型需求十分迫切，纺织行业巨大的人工质检成本，让智能质检系统解决方案成为行业的渴求，行业头部企业积极寻求方案，解决目前企业智能化改造中的瓶颈问题，智能质检设备和云平台系统的市场正在快速形成。

纺织行业和人工智能的结合催生了锴铨智能，从诞生起就将研发和创新作为公司发展的根本，大幅投入创新研发，研发在公司投入中占比超过60%，持续的创新研发投入，必将带来丰厚的创新成果回报。

锴铨智能研发的瑕疵检测系统贯穿了纺机改进、织造检验、坯布检验、成品检验全流程，能够及时、快速、准确检测出表面缺陷，自动记录缺陷位置，并辅助人工查看、处理瑕疵信息，不仅提升了工作效率、改善了生产工艺，提高了产品质量，同时也降低了对人工的依赖，节省了生产成本，真正实现了传统行业的数字化转型。

随着数字化、智能化时代的到来，纺织行业也迎来了结构变革、转型升级的关键阶段。目前，行业内大多数仍采用人工质检的方式，20%以上的人工用于品质检测，效率和成本难以均衡。针对当前行业普遍存在的品质提升受限、人工成本过高以及招工困难问题，锴铨智能将助力企业拥抱数字变革，通过深入探寻问题的根源所在，用机器代替人工的AI视觉质检方案。

未来，锴铨智能将持续投入研发及市场销售推广，快速迭代产品和商业模式，完成系列产品开发和业务板块建设，完成基于智能质检质量信息的纺织品云平台的基础建设，实现智能质检中心和智能产品销售中心的突破，构筑行业模板，建设行业新标杆和新标准，实现对传统质检的颠覆，积极占领市场，确立行业龙头地位。

广州恩沣：开辟超薄防寒保暖新方向

一、企业基本情况

广州恩沣新材料有限公司（简称广州恩沣）是一家新兴的国家高新科技企业，公司以"专注产品功能，提升面料价值，开发纺织科技，创造社会效益"为企业宗旨。

公司与东华大学，中国纺织科技研究所，武汉纺织大学，广州职业技术学院等多所国内纺织化工专业院校建立了紧密的合作关系和技术交流机制，并和广东省产品质量监督检测研究院等政府部门建立了良好的合作关系，同时和国内一线品牌形成战略合作模式。公司内部研发力量强大，拥有独立的研发中心和多个检测实验室，拥有众多发明专利，建立自己的品牌体系，产品涵盖功能后整理系列和新材料开发应用，其中抗菌产品得到市场的广泛青睐；气凝胶材料的开发成功，为今后超薄防寒保暖开辟了新方向；石墨烯整理产品使得普通面料华丽转身。

二、主要产品和创新性

（一）基于加速凝固的涂抹贴合装置制备的纳米气凝胶

广州恩沣研发的基于加速凝固的涂抹贴合装置制备的纳米气凝胶产品，2019年被认定为广东省高新技术产品并授予"广东省高新技术产品证书"和"高新技术企业证书"。

2021年12月，"SiO_2气凝胶掺杂EAV复合保暖新材料研发及产业化"荣获中国纺织工业联合会"科技成果优秀奖"。2021年9月，凭借"SiO_2气凝胶掺杂EAV复合保暖新材料"，广州恩沣新材料科技有限公司入选中国纺织行业专精特新中小企业。2021年12月，广州恩沣新材料科技有限公司成为中国纺织行业专精特新中小企业联盟的"会员单位"并颁发证书。2022年1月，中国国际贸易促进委员会纺织行业分会、中国国际商会纺织行业商会批准广州恩沣新材料科技有限公司为会员，并颁发会员证书。

成果创新性：通过有机—无机杂化技术，将SiO_2气凝胶与EVA等高分子材料在微观尺度上进行有效结合。采用共混法，研发出气凝胶与高分子材料融为一体的新配料，综合分析保暖效果和透气性能相互影响机制，开发出微孔设计关键技术，以研制的一体式新材料为保暖层，开发出保暖效果良好的轻薄式服装、床上用品、帐篷系列保暖产品。

（二）"温倍丝"超薄纳米御寒新材料

一种全新的纳米级气凝胶复合新材料，由气凝胶与其他符合健康安全环保标准的基材复合而来。

"温倍丝"1mm气凝胶产品足以抵抗-25℃左右的低温，而产品克重仅为35g/m² 左右。在保暖前提下，兼顾了柔软和透气，确保最大的服用性能。充分发挥了纳米气凝胶材料极佳的疏水性以及无与伦比的保暖性能，并透过均匀分布于材料的孔隙结构实现良好的透气性。

"温倍丝"纳米气凝胶御寒新材料，如皮肤般柔软，并透过均匀分布于材料周围的孔隙结构实现服装保暖兼顾完美透气性。具有"保暖、轻薄、透气"三大性能优势。凭借其独特的纳米孔隙结构均匀锁住空气，且不会因水分子的进入而流失。确保在任何穿着环境或气候条件下，都能享受到卓越的御寒保暖性能。

"温倍丝"纳米气凝胶御寒新材料，主要通过材料中的气体来完成隔热保暖。厚度仅1mm，体积的80%皆为空气，因而轻盈无比。而传统御寒保暖材料，无论是天然棉花、天然羽绒，还是各类人造棉绒，一旦压缩便会造成空气流失、丧失保暖性能，因而无法达到如此轻薄的厚度。仅为1mm厚度的"温倍丝"，可应用于全身衣物，制成厚度小于3mm的气凝胶御寒外套，但却能与厚度大约40mm的羽绒服拥有相同保暖效果。相当于10～25mm羽绒服的保温效果。

"温倍丝"纳米气凝胶产品可以绗缝/贴合/夹层等多种形式应用于服装的解决方案。因其出色的保暖性、透气性、舒适性以及超轻超薄质地，不仅能满足大众消费者的基础御寒需求，更能满足寒冷环境下对躯干活动灵活度有着极高要求的体育运动、极限户外、户外通勤等受众的御寒需求。特别适合专业户外运动服装、专业滑雪服、户外特种通勤作业服等，对御寒性能有着更为苛刻要求的服装，也适合对剪裁与造型有着更高要求的流行时装。

（三）技术创新成果涉及的知识产权

（1）发明专利证书。一种气凝胶EVA复合隔热材料及其制备方法，证书号第5040075号，专利号ZL202110847404.4。

（2）实用新型专利证书。一种新型防寒保暖服装，证书号第11427877号，专利号ZL201921756589.2；一种气凝胶涂抹装置，证书号第9307249号，专利号ZL 201822068847.X；一种保暖复合布料及由该布料制成的服装和床上用品，证书号第12263643号，专利号ZL 201922259346.4；一种新型气凝胶贴合结构，证书号第9368990号，专利号ZL 201822110913.5。

（3）高新证书。广东省高新技术产品证书，证书编号201910968；高新技术企业证书，证书编号GR201944009209。

三、专精特新发展的做法和经验

1. 技术应用

近年来，广州恩沣一直专注于气凝胶材料的研发迭代，生产工艺改进的开发工作。已经从最初的一代产品，开发到目前耐高温的四代产品；生产工艺不断改进，产品品质得到不断提升，和国内知名品牌形成战略合作关系，并且推向国际市场，形成户外、运动、居家、特种服装等系列。

公司重视产品研发，紧跟技术发展趋势和流行趋势，开发新产品，满足市场需求。在内部，公司设立了产品研发中心，有专门的实验室，形成了专业化人才团队，为开发新品、专业化生产打下了坚实的人才基础。

2. 质量管控

广州恩沣在生产方面严格生产工艺，做到自动化控制、规范化管理，在生产中细化岗位责任制，严格生产、设备、安全等各类制度的执行，防止人为不规范因素造成的质量问题。

持续推进标准化建设。公司先后建立运行质量管理体系、环境管理体系、职业健康安全管理体系、安全标准化管理体系，并通过认证。重视员工培训和养成教育，推进标准化作业、标准化检修，抓好交接班、巡检和"5S"管理、精益化生产，不断提升现场管理水平。

强化激励约束。坚持"业绩升、薪酬升，业绩降、薪酬降"，重点考核岗位责任制的落实情况。

优质的产品、一流的服务、良好的企业美誉度和较高的性价比使公司技术质量处于国内同行的领先水平。

3. 知识专利

广州恩沣拥有多条生产线设备，自动化程度较高，可年产各类气凝胶保暖材料超过500万平方米。

公司拥有独立的知识产权体系，涉及气凝胶保暖材料的专利6项，其中发明专利1项，应用专利4项，日本专利1项，并申请了国际PCT专利保护；知识产权保护2项，在专业刊物上发表气凝胶相关论文6篇。

公司申请气凝胶产品商标，将气凝胶独立商标运作，并配备气凝胶吊牌，供客户识别。

4. 创新进展

公司在气凝胶研发中大胆创新。在原有的三代气凝胶基础上，开发设计出耐高温熨烫的四代气凝胶，以及防火阻燃的第五代气凝胶，并对气凝胶的市场化应用场景做了相应的开发设计，以配合不同客户的实际需求。

北京宇田：相变储能材料助力功能性纺织品开发

一、企业基本情况

北京宇田相变储能科技有限公司（简称北京宇田）为国家级和中关村双高新技术企业，十年来专注于相变储能（储热储冷）材料的研制，并拥有全世界规模较大、产品品种最全及应用领域最广的相变储能热管理材料和功能性微胶囊生产基地。

公司研制的相变材料兼具纳米材料、复合材料、新型功能、智能材料的属性，是全世界为数不多的集多种属性和功能的新型复合材料，是国家重点发展和大力支持的战略新兴产业。

公司以低、中、高各温度段（−52~350℃）的相变储能材料为基础，以纳微型、小型、中型、大型、复合型相变储能/调温/控温单元/装置/系统为依托，在电能移峰填谷（源网荷储），工业余热回收利用，绿色节能建筑（零能耗建筑、被动房），电器、电子产品、电池热管理（动力电池、5G基站、储能电站），精准冷藏、冷链、保鲜，军事和消防设施冷热管理，道路抗冰融雪，天然气（LNG）液化和汽化过程中热能和冷能梯级储存利用，生活热管理（智能调温生活用品），人体热舒性管理（智能控温穿戴）等领域提供相关技术产品和应用解决方案。

公司拥有先进全面的技术和系统有效的专利保护，已授权14项发明专利和23项实用新型专利；已牵头和参与制定8项国家、行业及团体标准，并获得北京市政府颁发的8项新技术新产品（服务）证书，关键产品均已取得行业权威检验机构的检测认证。公司创造性地解决了多项行业技术难题，其综合技术实力处于国际领先水平。

二、主要产品及创新性

（一）功能性微胶囊

功能性穿戴是纺织行业的未来，也是纺织从业者再生的基础和加速发展的动力，功能性微胶囊（助剂）是研制功能性纺织品的核心。公司研制的功能性微胶囊（助剂）可添加到纺丝液中，制得功能性纤维，进而纺纱织布形成功能性纺织品；功能性微胶囊（助剂）也可后整理（印花、涂层）到面料中，形成功能性纺织品。

公司利用纳米乳化和切割技术，将功能性物质切割分散成300~500mm的微颗粒，然后利用化学沉积法、物理化学法、溶胶—凝胶法等微胶囊包覆技术，将功能性微量物质包裹在500nm~5μm的聚合物薄膜中，胶囊内物质的原有物理性质和化学性质丝毫无损，该技术实现了胶囊内功能性物质反应可控化、功能（释放）持久化、植入载体方便化，拓宽了功能性材料的应用领域。

（二）相变调温微胶囊

在所有功能性穿戴中，提升穿戴对人体的热管理是穿戴的主旋律。智能调温穿戴具有双向调温功能，既能升温也能降温。这种技术将革命性地改变纺织品只能单一保暖或只能单一制凉的传统印象。

将温度段适宜的相变微胶囊植入纤维/面料中，制得具有双向调温功能的纤维/面料/纺织品/穿戴。

智能双向调温纤维/面料/穿戴可缓解人体因"环境和自身温度"降低或升高而导致的"或冷或热"现象，当人体皮肤温度过高时穿戴中的调温单元吸收多余热量，当人体皮肤温度过低时，穿戴中的调温单元释放已储存热量给人体皮肤。智能双向调温穿戴通过不断吸收和释放热量，对人体皮肤进行高效热管理，进而为人体营造一种"舒适"的"知冷知热"的"温度/热量"微气候（31~34℃）。

（三）产品应用

家纺领域的部分企业已经和北京宇田展开合作，一是把相变调温微胶囊植入床单和被罩，床单和被罩中的相变调温微胶囊在夏天通过吸收人体热量来产生凉感，在冬天通过释放相变调温微胶囊白天吸收的热量来产生热感或保温；二是把各种维生素和营养液包成微胶囊之后再植入面料里面，该面料通过缓释微胶囊中的功能性物质来促进人体健康；三是希望把艾草、薄荷、沉香等植物精油包覆进微胶囊后植入床品面料和填充物里，让这种具有保健属性的物质长久地、润物细无声地作用于人体。

波司登登峰系列羽绒服采用北京宇田相变调温微胶囊制作的相变控温羽绒服，主要解决极寒天气的保暖。山东鲁联采用北京宇田相变调温纤维制作的智能调温衬衣，主要解决衬衣穿戴时形成的或冷或热。鄂尔多斯准备采用北京宇田相变调温纤维制作的智能调温羊绒T恤，主要解决羊绒穿戴时形成的过热。罗莱家纺采用北京宇田相变调温纤维制作的四季调温被，主要解决被子对人体的自然双向调温。

宁波圣瑞思：引领智能纺织服装吊挂系统发展

一、企业基本情况

宁波圣瑞思工业自动化有限公司（简称宁波圣瑞思）是一家专业从事智能纺织服装吊挂系统生产研发的高新技术企业。公司成立于 2014 年 7 月，经过多年发展，公司已经成为国内知名的智能纺织服装吊挂系统生产企业，建设有 26205m² 的数字化生产车间。已通过质量管理体系、环境管理体系、职业健康安全管理体系认证，从设计到生产严格按照质量管理体系要求控制产品质量。

公司自成立以来一直专注于智能纺织服装吊挂系统领域并不断深耕高技术产品，投入大量研发经费，组建专业化研发团队，开展智能生产吊挂关键技术和新产品的研究开发，立志致力于成为国内智能制造行业的引领者，为国内外客户提供领先的数字化智能制造解决方案。目前，国内对智能纺织服装吊挂系统归类于织造辅助机械及装置行业，经过（省级及以上行业协会）认定，公司的智能纺织服装吊挂系统连续三年位列全国前三，并先后取得"宁波市制造业单项冠军培育企业""两化融合管理体系贯标示范企业""国家级专精特新'小巨人'企业""中国服装数字化转型供应商"等众多荣誉奖项。

公司通过合理的市场规划，结合互联网营销、代理商营销等多种商业模式的创新，服务的客户群主要为服装知名品牌自有的加工厂及代加工厂，如雅戈尔、罗蒙、博洋家纺、申洲针织、海澜之家、安踏、361°、九牧王、富安娜家纺、水星家纺、梦洁家纺、悦达家纺、堂皇集团、蓝丝羽家纺、好孩子童车、恒康家居、大象洗涤等国内优秀的纺织服装、家纺、家居企业，是本行业的领导企业，引领着行业未来的发展方向。

二、主要产品及创新性

（一）智能纺织服装吊挂系统

宁波圣瑞思主要生产智能纺织服装吊挂系统。在服装家纺生产厂中，将传统的捆包流生产流程升级为单件流生产流程，实现"数据化、部件化、智能化"生产。即生产全过程数据通过 RFID 采集的方式实现数字化；将产品制造过程分成若干部件，通过智能纺织服装吊挂系统实现多款、多码、多色、多部件分别加工拼接；通过生产过程智能控制系统，智能、自动、精确地对繁杂的工序进行管控，完成管理和制造的对接，提高用户工作效率，提升生产场地美观度，提升客户在市场的品牌形象。

产品组成涉及软件应用科学、机械结构科学、电子电气科学等多学科的应用，涉及零配件达到 100 多种，可带动行业上游多类生产制造企业的发展。经过多年深耕细作，公司的智能纺织服装吊挂系统已获得专利共计 190 项，其中发明专利 13 项。

在智能纺织服装吊挂系统方面，公司参与建设的九牧王西裤智能制造生产车间项目，2018 年 10 月被中国纺织工业联合会授予"2018 年度中国纺织工业联合会科学技术奖"二等奖，2019 年 11 月被中国服装协会评为"2019 年中国服装行业科技进步一等奖"。

（二）智能纺织服装吊挂系统主要技术创新点

（1）RFID 射频识别技术——信息识别传递。

（2）水平摆动式进出变轨机构——衣架进出站。

（3）智能悬挂控制系统——设备控制。

（4）链条式提升式机构——驱动电动机带动链条运行。

（5）齿条式主输送机构——齿轮驱动齿条。

（6）工业自控技术——工业自动化技术。

三、专精特新发展的做法和经验

1. 专业化

公司自成立以来，一直专注于智能纺织服装吊挂系统的研发，先后为行业研制了 10 多种不同型号的智能纺织服装吊挂系统应用于不同规模的工厂，适配各类尺寸产品生产线（服装、家纺、汽车零配件、羽绒服等），主持并参与了行业标准《计算机控制服装生产吊挂输送系统吊架》。

公司于 2014 年成立研发部，调用公司精锐，引进行业优秀人才，组建了一支优秀的研发团队，建设有专门的研发场地超过 2000m²，并于 2017 年获得宁波市工程技术中心认定。目前，公司研发部拥有专职研发人员 25 人，涉及应用电子技术、数控技术、电器工程及其自动化、工业设计、机械制造与工程等专业，结构合理，由公司技术总工带队攻关，青年人学习，外聘专业教授做公司顾问，对技术把关坐镇，整体实力雄厚。规章制度健全并制定合理的激励机制绩效考核制度，对创新能力强给企业带来经济效益的人员给予奖励。公司在工程技术中心的发展中，坚持技术改造和人才引进，以技术提升增强企业市场竞争的核心力量；以人才培养和引进为重点，增强活力，为后续相关技术和产品的研发提供了可靠的技术保障。

2. 精细化

公司不断加强质量体系建设，目前已通过 ISO 9001 质量管理体系、环境管理体系、职业健康安全管理体系、产品通过欧盟 CE 认证，已完善"5S"精细化管理，落实两化融合建设基本要求，开展多种类型智能制造，自动化改造等技术改造项目，实现产品从原料到成品出库的全流程质量把控。设置了质量检查、过程检查、成品抽检等一系列制度文件，确保每个流程均有章可循。细化岗位责任制，按照"有岗必有责，上岗必担责"的要求，细化和落实岗位责任制，从根本上杜绝推诿扯皮现象的发生。严格生产、设备、安全等各类制度的执行，力戒"三违"和"低老坏"典型问题的发生。

公司一直致力于创建自主品牌，建立法人治理结构管理制度：以科学发展观为指导，以市场为导向，以"质量促品牌、品牌促发展"为经营理念，坚持国家利益至上、用户利益至上，大力实施品牌培育工程，着力构建科学优化的重点骨干品牌，有效整合公司各类资源，强化品牌培育能力，努力争创省著名商标、省名牌产品乃至驰名商标、中国名牌，不断提升市场综合竞争力和公司形象。

3. 特色化

"永远走在客户的前面，永远高于客户的需求，不惜一切为客户服务，为客户创造利润为己任"的企业宗旨是公司的主要特色。目标成为行业的引领者，致力于成为领先的数字化智能制造集成系统提供商。实现途径是设身处地地从客户需求出发，融入更多的服务元素，从传统制造模式逐步转向服务型制造模式。

公司主要从下面两个方面进行服务业务模式的设计：

（1）定制化服务。为纺织服装行业提供满足企业的生产、分拣、物流、仓储等环节的优质产品和定制化服务，用自动化、智能化系统打通企业从接单—采购—仓储—生产—分拣—物流整个环节，全面提升服装纺织企业信息化、智能化、自动化水平。如生产环节可针对不同客户，不同生产环境、生产要求，设计高度可自由调节的悬挂系统，充分挖掘流水线的生产潜力，真正为客户提高效益服务。

（2）总集成总承包服务。开展创新研发与系统集成，提供服装服饰数字化车间解决方案，并提供从工厂智能化系统设计、建设实施、设备提供到安装调试及后期运维的总承包服务，有利于推动客户智能化、数字化改造，增加行业综合效益，引领行业技术发展方向。该模式的开展建立在企业级数据库、管理软件、电子技术、RFID 射频技术、工业自控技术及先进的机械传动等技术的基础上，为客户"量身定做"解决方案，并提供一系列成套性服务业务。

4. 新颖化

公司在吊挂硬件结构上大胆创新，不同的吊挂型号针对不同的使用场景，S50 系列的吊挂系统为标准的智能纺织服装吊挂系统，能安装在绝大多数的服装工厂，系统链条、轨道采用密封设计，确保器械运行环境安全与清洁，工作站模块数量及模块均可根据客户实际需求制定。S70 系列的吊挂系统主要特点是悬挂高度可自由调节，使流水线生产的服装款式更为广泛，可充分挖掘流水线生产潜力，真正为客户提供效益服务。S80 系列的吊挂系统可运载大中型产品，可实现流水线内跨区域跨楼层运输，极大节约人力成本。S100 系列的吊挂系统经过研发团队专业化设计，产品结构与功能都有了定向的改进，无需取下裁片缝制，完全满足制造生产需求。

宁波圣瑞思将数据赋能设备，实现软件到硬件互通，通过主机对订单、工序、产能与当前厂内情况进行多条件预判，使得标准化、智能化、自动化的高效生产成为可能，让生产不再局限，让流程更加便捷。

三得利染整科技：纱线生态花染引领者

一、企业基本情况

张家港三得利染整科技有限公司（简称三得利染整科技）原名张家港市染整厂，创建于 1981 年，2000 年由乡镇企业转制成为有限责任公司。企业原先从事纺织面料的染整生产，曾被原农业部和外经贸部授予"全国乡镇企业出口创汇先进企业"称号。2008 年企业负责人受江苏太湖蓝藻事件触动，主动淘汰年产 2500 万米面料、年产值近 2 亿元的两条染色生产线，转型研发节能环保的纱线连续式染色项目，迈入企业转型升级、二次创业的征程。

公司多次获评高新技术企业，是中国棉纺织行业协会理事单位、中国印染行业协会理事单位，建有江苏省企业研究生工作站、苏州市工程技术研究中心。

纺织工业是我国传统支柱和重要民生产业，也是我国六大污染行业之一，废水排放总量位居全国第三，其中印染废水排放量约占纺织工业废水排放量的 80%。国务院发布的《水污染防治行动计划》即"水十条"，把印染列为专项整治的十大重点行业之一。近年来，企业以生产绿色化为目标，走专精特新发展之路，做了大量卓有成效的工作，受到上级政府和行业协会的高度肯定。

二、主要产品及创新性

企业产品为棉型、涤纶型生态连续段染、喷染纱线，包括彩段、渐变、斑斓、朦胧和彩点系列。

企业采用集成 10 余项授权发明专利的具有完全自主知识产权的核心技术，对纱线进行段染或喷染，使单根纱线具有丰富多彩的花形效果，为下游面料设计提供了千变万化的时尚纱线作为材料；同时染色过程彻底实现零排放、产品生态环保。

三、专精特新发展的做法和经验

企业秉持"创新、绿色、时尚"的发展理念，坚持以科技创新实现生产过程的绿色化、生产产品的时尚化，通过高度的技术创新，使传统高耗水的纱线染色从少水到近零排放、再到率先实现染色全过程的零排放，同时又使生产产品具有千变万化的段染、喷染花色效果。

1. 以创新为支撑

企业持续保持高强度的研发投入，依托武汉纺织大学，承担多个国家级、省级科研项目，成功开发了零排放多花色新型纱线连续涂料染色技术和设备，先后通过中国纺织工业联合会科技成果鉴定、江苏省重点研发计划验收评审，项目整体技术达到国际先进水平。项目成果先后获得中国纺联科技成果奖、苏州市技术发明奖。2014 年，公司董事长马新华被中国纺织工业联合会授予"2014 中国纺织行业年度创新人物"称号。

截至目前，企业拥有授权发明专利 10 余项、授权实用新型 20 余项，共同构成了结构化的专利组合。

2. 追求生产过程绿色化

企业坚定追求生产过程的绿色化，通过多年技术研发，终于实现纱线染色全流程（含前处理在内）微用水、零排放。整个生产过程取水量、废水产生量、COD 产生量分别不超过 1.6 吨/吨纱、0.2 吨/吨纱、0.3 公斤/吨纱，与国家环保部（现生态环境部）发布的 HJ/T 185—2006《清洁生产标准 纺织业（棉印染）》中的国际清洁生产先进水平 100 吨水/吨纱、80 吨水/吨纱、50kg/吨纱相比，分别下降了 98%、99%、99%，与传统筒子染色技术 150 吨水/吨纱、140 吨水/吨纱、60 公斤/吨纱相比，下降幅度更大；最终所产生的微量废水经蒸馏后全部回用，彻底实现了废水的零排放。自 2018 年 10 月以来，企业已不向外排放生产废水，并获地方环保部门发文确认。

项目技术于 2013 年列入工信部《产业关键共性技术发展指南（2013 年）》，于 2016 年列入工业和信息化部、水利部、全国节约用水办公室《国家鼓励的工业节水工艺、技术和装备目录（第二批）》，于 2018 年列入江苏省科学技术厅《江苏省水污染防治技术指导目录（2018 年版）》。

3. 实现生产产品时尚化

基于独特的技术和装备，企业可对纱线进行智能控制下的连续段染和喷染，在单根纱线上实现五彩斑斓、千变万化的段染或喷染花型，创造多个新的产品系列并实现独家生产。

企业的生态连续段染喷染纱线，包括段染纱线、喷染纱线、段染喷染同步染色纱线等多个系列：

（1）生态连续段染纱线。包括定位段染纱线、普通段染纱线两类。其中的定位段染纱线，用于以成轴形式嵌入色织经纱中进行整经并织造，生产出具有创意花纹效果的色织面料，这种参差不齐的间断花纹效果和创意图案，在视觉上为面料加入了艺术的元素和休闲的情趣，显著提高了面料的档次和售价；其中的普通段染纱线，可用于色织面料的纬纱，使面料具有多色渐变的花形效果，实现了面料的时尚化。

（2）生态连续喷染纱线。包括朦胧纱线、斑斓纱线、彩点纱线等多个种类。可使面料具有独特的或朦胧淡雅、或五彩斑斓、或彩点亮晶、或自然仿麻的花形效果，用于织造引领市场消费潮流的创意色织面料、亲自然家纺面料、七彩牛仔面料。

（3）生态连续段染喷染同步染色纱线。单根纱线上既具有段染花型、又具有喷染效果，且段染喷染同步完成，时尚效果更为突出，体现出极高的工艺水平。

企业段染喷染产品不仅包括纯棉、棉混纺纱线，而且包括涤纶 DTY、雪尼尔、海岛纱、中空纱等，形成渐变、斑斓、朦胧和彩点系列的全覆盖。

企业产品先后获得 2013 年中国纺织信息中心、国家纺织产品开发中心"中国流行面料"最佳科技创新奖，第二届中国生态环保面料设计大赛最佳生态环保产品市场应用奖，第三届中国生态环保面料设计大赛最佳生态环保技术应用奖，多次获得中国棉纺织行业协会色织布新产品"最佳创新奖"、中国印染行业协会中国印染行业优秀面料一等奖。

太极石：功能纤维发展与应用的推动者

一、企业基本情况

太极石股份有限公司（简称太极石）缘起于 2007 年，经过 8 年的研究沉淀，于 2015 年创办成立。太极石是一家以纺织新材料——太极石健康能量纤维为主，集研发、销售、品牌运营于一体，拥有多项知识产权的高新科技品牌公司。

太极石团队自成立之初就将技术研发与创新作为工作重心，分别在上海及台湾设有科研中心。科研中心拥有一支享誉国内外业界的研发技术团队，由多位知名化纤行业专家组成，多数成员具备国家重点工程院校的研究经历。公司致力于健康能量纤维的自主研发与功能性产品设计，打造健康纺织新科技，完成纺织产业与健康产业的融合，将太极石天然能量矿石转化为健康纺织品及其他衍生产品，助力健康新生活。

当前公司依靠超强的研发、生产、推广、应用团队，已形成三大系列产品，太极石系列纤维产品、冰氨系列纤维产品、碳能纤维系列产品。其中太极石系列纤维产品包括太极石莫代尔纤维、太极石纤维素纤维（粘胶）、太极石聚酯纤维（涤纶）、太极石聚酰胺纤维（锦纶）、太极石聚丙烯腈纤维（腈纶）五大品类，产品涵盖多种规格的短纤和长丝，应用于服装、家纺、内衣等多个纺织领域。

公司极力构建品牌化发展之路，拥有国际化品牌运营中心，现与九牧王 JOEONE、劲霸 K-BOXING、利郎 LILANZ 等国内多家一、二线品牌达成战略合作，为下游公司实现产品架构调整，促进产品功能升级，增强产品竞争力和市场销售力而努力。

二、主要产品及创新性

（一）太极石纤维素纤维

太极石是一种天然矿石，具有优异的远红外线功能，远红外发射率达 91.7%～93.36%，作用波长 3.9～16μm。太极石不含有任何对人体有害的放射性物质，也不含欧盟 REACH 法规禁止的任何有害物质，这为太极石纳米材料与纺织纤维共混提供了安全基础。

将太极石原矿石纳米化制成纳米太极石，采用纺前注入技术，制得太极石纤维素纤维。

在太极石纤维素纤维的制备过程中涉及如下技术。

（1）矿物质太极石功能纳米粉体的制备技术、粉体的防团聚技术。

（2）纳米太极石功能母液制备技术。

（3）低浓度注射纺丝技术。

（4）纺丝及三浴凝固、双模拉伸生产工艺。

在纳米状态下，太极石纳米粉末可以共混的方式均匀分散于太极石纤维中，太极石纳米粉末在粘胶纤维中呈镶嵌的状态，这种状态比较稳定，在纤维的后续加工中，太极石纳米粉末基本不会流失，对太极石纤维功能的稳定发挥有积极的作用。

（二）太极石纤维主要技术创新点

作为一种天然矿石，太极石含多种微量金属矿物元素。它的高频共振频率与人体内水分子的共振频率相当接近，可以增强血液细胞动能，细化水分子、血液循环更加顺畅均衡，增进新陈代谢，稳定血液质量，使人体保持较高免疫力，从而提升人们的健康水平。

太极石纤维具有以下五大性能：

（1）增进新陈代谢，细化水分子，促进细胞活性，改善人体血液微循环。

（2）改善睡眠，放松心情、减缓抑郁、消除疲劳、提高睡眠深度。

（3）优异的抗紫外线功能，UPF 等级 50+。

（4）良好的抗菌功能，对肺炎克雷伯氏菌抑菌率达 99.8%、金黄色葡萄球菌抑菌率达 99.4%。

（5）功能持久，太极石粉末与纤维高温镶嵌，面料不受洗涤、暴晒等外界因素的影响，可保证太极石面料功效的稳定性。

太极石纤维素纤维可以应用于内衣、家纺、休闲、面膜布等领域，太极石纤维素纤维在市场上获得较为广泛的应用，主要和爱慕、ubras、猫人、博洋、梦洁、喜寐、安踏、劲霸、利郎、暂肤等品牌合作推广使用太极石纤维素纤维。

三、专精特新发展的做法和经验

1. 专业化

太极石股份有限公司是一家太极石纤维供应商，是集研发、销售、品牌运营于一体的高科技公司。在研发上，太极石股份有限公司的专业研发团队与苏州大学、东华大学、西安工程大学等高校进行产学研合作，重点解决纳米粉体团聚、纺丝以及纤维可纺性等难题。在研发技术人员的攻坚克难下，这些技术难题得到解决。为提高公司整体技术创新能力，公司确定每年的研发投入占公司销售收入的比例为 5% 以上。

公司十分注重产品开发的前沿科技应用与知识产权建设。产品开发部由专人负责专利的撰写与标准的制定，将产品开发的创意及创新技术点进行保护。目前，已有 6 项发明专利及 7 项实用新型专利，7 项发明专利和 1 项实用新型专利正在申请中。"太极石纤维素纤维"还获得中纺联科学技术进步三等奖。太极石纤维生产的太极石智能面膜，太极石智能发热毛衫等获得中纺联十大创新产品大奖。公司荣获 2021 年度中国纺织工业联合会产品开发贡献奖。随着公司的不断发展，太极石公司成为厦门市高新技术企业、厦门新材料企业、专精特新企业。太极石股份有限公司非常重视环保和可再生理念，先后通过 GRS 认证和 OEKO-TEX100 认证。

2. 精细化

太极石股份有限公司对其产品的研发、生产、销售、策划宣传、售后服务等都严格按照精益求精的理念，建立精细高效的管理制度和流程，通过精细化管理，精心设计产品的各个环节，来保证太极石的产品质量与服务。在太极石功能纤维精细化应用方面，太极石股份有限公司将其研发的功能纤维应用到人们日常生活的方方面面，例如，纺织服装、内衣、家纺、休闲运动、无纺布等领域。

公司新产品开发来源于对纤维发展潮流趋势的把握，消费者使用喜好的掌握及品牌设计师对功能材料的设计风格。因此，公司会通过互联网、拜访客户及供应商，参加由中国纺织工业联合会举办的中国流行面料趋势，及其他展会和技术交流会议，来形成开发思路，经过技术认证及市场营销确认，形成新产品开发计划。在产品创新上，公司提出产品的可感知化。在面对远红外微循环可感知的难点上，提出太极芯片方案，利用太极芯片对人体的生物电感知，快速检测人体微循环的健康状况。太极芯片已经应用在太极石暖宫内裤，太极石智能面膜等产品上。针对这两年气候变化，全球变暖的问题，消费者对高导湿、速干、持续凉感、抗菌、抗 UV 等有较大的需求，为此，公司迅速开发了高导湿全消光冰氨纤维，在导汗速干、凉感抗菌抗 UV 等方面测试性能卓越。开发的导湿冰氨锦纶短纤一推向市场，就取得良好的业内反响，创意方面公司将凉感和导湿相结合，经过难题攻坚后，取得了显著成效。

3. 新颖化

太极石产品在研发、生产、销售、策划、售后服务过程中，获得厦门市新材料企业，厦门市市级高新技术企业，十大创新产品奖，AI 技术赋能太极石纤维，专利 20 余项，50 多个自主研发产品，100 多个权威荣誉资质，100 多个著名合作品牌，225.8 万多个消费者享受服务。太极石股份有限公司依靠自主创新、科技成果转化、联合创新、引进消化吸收再创新等方式，实现了太极石产品自主知识产权，实现了产品的高技术含量、高附加值，并获得了显著的经济和社会效益。

附　录

附录一

"十四五"纺织行业中小企业专精特新发展行动方案

中小企业是纺织行业的主体，是稳就业保民生、促进创业创新、保持创造活力和发展韧性的重要力量。国家和行业高度重视中小企业的发展，相关法律法规、政策、规划等制度体系日益完善，优质企业梯度培育格局逐步形成，为行业中小企业的创新成长和高质量发展创造了良好环境。

"十四五"时期，我国纺织行业将在基本实现纺织强国目标的基础上，进一步推进行业"科技、时尚、绿色"高质量发展，加快迈向全球价值链中高端。为深入贯彻习近平总书记关于培育一批专精特新中小企业、提升中小企业创新能力的重要指示精神，根据中共中央办公厅、国务院办公厅《关于促进中小企业健康发展的指导意见》《工业和信息化部关于促进中小企业"专精特新"发展的指导意见》等相关政策要求，按照《纺织行业"十四五"发展纲要》及科技、时尚、绿色发展指导意见的部署，编制了本行动方案，旨在更广泛凝聚各方力量和共识，更好地引导、服务和全面推动纺织行业中小企业专精特新发展。

一、总体要求

坚持以习近平新时代中国特色社会主义思想为指导，立足新发展阶段，完整、准确、全面贯彻新发展理念，构建新发展格局，助推高质量发展。支持和引导纺织行业中小企业专注核心业务、打造核心能力，积极开展技术创新、管理创新和商业模式创新，走专精特新发展道路。支持创新型中小微企业成长为创新重要发源地，推动产业链上中下游、大中小企业融通创新，提升产业链供应链现代化水平。充分利用和整合各方资源，构建优质企业梯度培育格局，完善行业中小企业服务体系和机制，提升服务效能，使行业中小企业在巩固我国纺织强国地位、实现制造强国质量强国目标中发挥积极作用，为我国纺织工业发展成为世界纺织科技的主要驱动者、全球时尚的重要引领者、可持续发展的有力推进者，做出积极贡献。

二、主要目标

到"十四五"末期，纺织行业中小企业专精特新发展理念成为广泛共识和行动先导，一大批创新型中小微企业成长为创新重要发源地，行业大中小企业融通创新、供应链协同创新能力显著增强，中小企业专精特新发展服务体系基本完善，产业链供应链现代化水平进一步提高。培育入库纺织行业专精特新中小企业 500 家以上，力争纺织行业新增国家级"小巨人"企业达到 300 家，培育制造业单项冠军企业达 30 家，国内外主板、科创板上市企业数量 30 家。

三、重点任务

（一）创新引领行动

（1）引导广大中小企业走专精特新发展道路，提升创新能力和专业化水平。着力推进纤维新材料、纺织绿色制造、先进纺织制品、纺织智能制造与装备等领域的研发创新。鼓励企业加大研发投入和技术改造投资力度，持续巩固扩大技术和产品优势。鼓励和支持中小企业积极开发、应用绿色低碳技术，优化升级能源消费，提升能源效率，在碳达峰、碳中和过程中赢得先机、作出贡献。

（2）完善中小企业创新生态。推进大中小企业融通创新、产学研协同创新向纵深发展，支持和引导中小企业更广更深地参与国家和行业的相关科技创新项目。引导和支持有能力、有条件的中小企业自建或与大学、科研机构共建企业技术中心。鼓励中小企业参加产业技术创新联盟，支持中小企业与行业龙头企业开展协同创新、产业链上下游协作配套。鼓励大学、科研院所、大企业开放研发仪器设备等科技资源，组织开展促进产学研合作和项目对接活动，为中小企业开发、生产协作配套产品提供服务。

（3）加快成果转化和应用。发挥专精特新优势，加强技术对接和上下游对接，融入纺织供应链体系。组织技术成果推广、交流、考察、对接等行业性活动，让中小企业走出去、引进来。加强行业科技服务，培育创建企业技术中心、设计中心等，培育组织科技项目、构建创新平台，争取国家和地方政策支持。

（二）质量与品牌行动

按照"双循环"新发展格局的要求，围绕纺织行业"科技、时尚、绿色"定位，深入落实"三品"战略，做实基础、做优主业、做精专业，塑造"中国制造"优质品牌形象。

坚持质量第一的价值导向。牢固树立以客户为中心的经营理念，深入推进全面质量管理，用精益求精的精神雕琢品牌价值，推动产品供给向"产品+服务"转变、向中高端迈进。鼓励和支持纺织中小企业学习和应用先进的质量管理和生产控制方法，优化产品设计和生产流程，提高产品质量和附加值。加强对中小企业质量法律法规、检验检测、管理与控制、计量标准、品牌创建的指导和支持。完善企业质量诚信体系，开展质量承诺活动，提高自律水平。

支持纺织中小企业做强核心业务，争创知名品牌、驰名商标和著名商标，打造具有竞争力和影响力的精品品牌。不断增强创意设计能力，提升产品品质，丰富产品品类，强化体验服务，满足国际国内多元化、多层次的消费需求。推行产品绿色设计，提高绿色产品设计开发能力，开发功能性、可降解新材料，扩大智能化、绿色化先进技术应用。应用新材料、新技术开发具备高品质、多功能、智能化的高端纺织消费品。支持和引导纺织中小企业利用特色资源，加强纺织非遗、传统工艺、民间工艺技术和产品、文化元素的保护、传承、创新和发扬，融合吸收国内外先进文化元素，推动中华优秀传统文化在行业的创造性转化、创新性发展。

推动企业实施营销战略。加强企业商标设计和注册保护，组织企业人员系统学习专业知识和品牌营销理论，组织走访知名品牌企业，邀请营销实战导师传授成功案例，提高专精特新企业的市场竞争力。

支持和组织专精特新企业参加展览展示与市场拓展活动。在国内外大型展览会、博览会等大型活动中，开辟专精特新企业专区、专精特新创新互动空间等平台，相互赋能，形成合力，组团展出，拓展市场，扩大影响力。支持行业优势品牌企业及龙头骨干企业建设诚信、负责任的供应链生态体系，促进产业链上中下游、大中小企业共赢发展。

（三）数字化转型行动

支持和鼓励中小企业结合自身实际和发展需求，加快提高研发设计、经营管理、生产过程、市场营销等数字化应用水平，提升中小企业数字化、智能化基础能力。引导企业"上云、用数、赋智"，加快发展数字化管理、智能化生产、网络化协同、个性化定制、服务型制造等新技术新产品新业态新模式。积极利用工业互联网、大数据、人工智能、工业机器人、区块链等，促进制造模式柔性化、智能化、精细化与服务化。

鼓励和支持中小企业积极运用新一代信息技术，建立品牌与消费者之间的深层次连接，形成基于数字决策的智慧营销模式。通过平台融合、社群融合、场景融合，促进纺织服装品牌企业与互联网产业、现代服务业的跨界融合发展。

推动工业互联网、新型大数据中心等行业信息基础设施建设，支持开发和引入低成本、模块化的信息化管理技术，服务中小企业。搭建纺织中小企业信息化公共服务平台，推广适宜的解决方案，开展纺织行业数字化信息化普及培训。

（四）能力建设行动

实施中小企业管理提升工程。鼓励和支持纺织中小企业实施精细化生产、管理和服务，强化基础管理能力，健全和规范管理制度，提升财务、成本、设备、现场、计量和人力资源管理水平。帮助中小企业经营管理者学习和运用现代管理知识，提高经营管理能力。

积极探索和发展新业态新模式，积极推动生产组织创新、技术创新、市场创新，有效调动员工的创造活力。应用设计思维、创新冲刺等科学的创新方法论，增强企业创新流程、创新体系的管理能力，提升创新效率和成功率。

全面提升人才资本。大力弘扬企业家精神、创业精神和工匠精神，激发人才活力，增强人才吸引力和凝聚力。培养富有创新精神、冒险精神、科学头脑和国际化视野的优秀企业家队伍，成为创新发展的探索者、组织者和引领者。积极营造创新环境，建立激励机制，吸引和培养专业技术和高技能人才。加强中小企业科技人才队伍建设，推动校企共建教学、科研实践基地，共同开展联合培养、新学徒制等人才项目；引导企业完善人才引进、培养、奖励等管理制度；建立在岗学习进修通道，打造具有自主发展力的企业人才梯队。

引导中小企业积极履行社会责任，高度重视企业文化建设，切实转变发展方式，扎实下好功夫，增强为客户创造价值的能力，实现更高质量就业，提升行业从业人员的安全感、获得感和幸福感。

（五）知识产权行动

（1）强化自主知识产权。加强纺织中小企业专利技术、软件著作权、科技成果等知识产权保护，提高创造知识产权、保护研发成果、运用专利技术、促进转化实施的能力和水平，提高专利质量和创新水平。

（2）加强知识产权专业服务。组织企业开展专利申报、成果鉴定评价、成果报奖、人才培训、预警分析、标准制定、论文编撰等与企业技术成果有关的知识产权管理工作，培育和发展具有知识产权和竞争优势的纺织服装专精特新中小企业。

（3）加强企业标准化工作。培训企业技术与管理人员参与企业标准、地方标准、团体标准、行业标准和国家标准的制定修订工作，参与标准的实施工作，提高和规范企业生产、技术和产品的管理水平。

（六）产融合作行动

（1）促进和改善中小企业融资环境。提供政、企及金融资源信息，引入中小企业融资平台、产业创投基金，支持中小企业创新发展；组织与金融机构的交流对接，增强沟通了解，改善纺织中小企业融资环境，建立纺织行业专精特新产融对接推介项目库和专家资源库。

（2）推动企业与资本市场融合发展。推进优势纺织企业上市融资培育，发挥好行业组织对证监部门的资源协调作用；引导各类并购基金、私募股权基金参与纺织企业股改、并购；帮助企业对国内外优质资源进行整合、并购和重组，提升企业市场价值。

鼓励和支持重点区域和产业集群，开放和整合市场、创新、资金等要素资源，建设集研发、孵化、投资等一体的创业创新培育中心。

（七）影响力行动

深入开展纺织行业中小企业调查研究，及时总结提炼纺织中小企业创新发展的典型经验和最佳实践，编印专精特新示范企业案例集，引导企业高质量发展。

在行业主要期刊及微信公众号等新媒体开辟专栏，对典型企业进行集中走访报道，从专精特新发展、转型升级和数字化等方面介绍企业的典型经验和先进理念，加大对创新型纺织中小企业的宣传力度，不断激发广大中小企业的创新活力。

充分发挥新闻媒体的正面舆论引导作用，组织和运用行业内外的各种平面媒体、网络新媒体、公共媒体、专业媒体等全方位推广宣传专精特新企业，利用互联网、小视频、直播等技术手段扩大企业形象和技术产品优势，在全社会形成良好的氛围和美誉，凝聚新的消费群体。

四、保障措施

（一）引导政策对接

推动构建有利于中小企业发展的公平竞争环境。积极开展相关政策宣贯，引导、支持和帮助行业企业结合自身发展战略需要，利用好各类专项资金、产业引导基金、专项建设基金支持，投入纺织行业科技创新、技术改造、智能制造、绿色制造、品牌建设、行业服务平台建设等。积极利用绿色金融，鼓励建立行业或区域性产业绿色发展基金，吸引资本投向行业绿色项目、绿色企业。

（二）强化梯度培育

建立和完善纺织行业专精特新企业培育数据库，确立阶段性工作目标任务与举措，确保培育工作取得实效。围绕提升纺织中小企业创新能力和专业化水平，深入开展中小企业"双创"，不断孵化创新型中小企业，加大纺织行业专精特新中小企业培育力度，让更多的行业中小企业成为"单打冠军""配套专家"和"行业小巨人"。

（三）完善服务体系

按照"持续、系统、深入、精准"的总体思路，整合利用各类优质资源，积极开展调查研究、宣传发布、专项论坛、交流对接、专业展会、金融服务、供应链、大中小企业融通发展、咨询等服务。不断提高专业服务水平和服务质量，逐步形成具有针对性、系统性的专精特新中小企业服务体系。建立和完善中国纺织行业专精特新中小企业联盟，发挥"联盟"的作用，为行业中小企业提供一个可以进行交流、学习、借鉴、拓展资源、彼此优势互补的开放性资源共享平台。支持纺织行业中小企业公共服务示范平台建设，加强对公共服务示范平台工作和运行的指导，不断提升平台的服务效能。

（四）加强工作协同

由中国纺织工业联合会行业发展部、科技发展部、《中国纺织》杂志社等部门和单位作为行动方案的主要推动单位，广泛凝聚行业内外各方资源，建立协同配合、共同推动纺织中小企业专精特新发展的工作机制。在实施过程中不断总结和交流工作经验，努力开创促进纺织中小企业专精特新发展新局面。

附录二

第一、第二、第三批纺织行业
专精特新中小企业名单

附表 1　第一批纺织行业专精特新中小企业名单

序号	地区	企业名称
1	安徽	安徽红爱实业股份有限公司
2	安徽	安徽金春无纺布股份有限公司
3	安徽	广德天运新技术股份有限公司
4	安徽	铜陵松宝智能装备股份有限公司
5	北京	北京邦维高科新材料科技股份有限公司 （原北京邦维高科特种纺织品有限责任公司）
6	北京	北京宇田相变储能科技有限公司
7	福建	福建省海兴凯晟科技有限公司
8	福建	福建省福州市立峰纺织有限公司 （原福建省长乐市立峰纺织有限公司）
9	福建	厦门帮众科技有限公司
10	广东	中山子目相服饰科技有限公司
11	广西	广西嘉联丝绸股份有限公司
12	河北	河北力科纺织有限责任公司
13	湖北	恒天嘉华非织造有限公司
14	湖北	湖北山特莱新材料有限公司
15	湖北	森织汽车内饰（武汉）有限公司
16	湖北	武汉裕大华服饰有限公司
17	湖南	常德经纬摇架科技有限公司
18	江苏	常州巨细信息科技有限公司
19	江苏	常熟万龙机械有限公司
20	江苏	常州丁丁纺织科技有限公司

序号	地区	企业名称
21	江苏	海安县华荣化纤有限公司
22	江苏	江苏富之岛美安纺织品科技有限公司
23	江苏	江苏恒生环保科技有限公司
24	江苏	江苏恒舞丝绸科技股份有限公司
25	江苏	江苏华跃纺织新材料科技股份有限公司
26	江苏	江苏聚杰微纤科技集团股份有限公司
27	江苏	江苏联宏纺织有限公司
28	江苏	江苏陆亿纺织科技有限公司
29	江苏	江苏宋和宋智能科技有限公司
30	江苏	江苏索力得新材料集团有限公司
31	江苏	江苏鹰游纺机有限公司
32	江苏	江阴市傅博纺织有限公司
33	江苏	凯盛家纺股份有限公司
34	江苏	连云港神鹰复合材料科技有限公司
35	江苏	如意屋家居有限公司
36	江苏	无锡市金达超细织物有限公司
37	江苏	无锡协新毛纺织股份有限公司
38	江苏	无锡裕通织造有限公司
39	江苏	张家港三得利染整科技有限公司
40	江西	江西昌硕户外休闲用品有限公司
41	辽宁	大连东立工艺纺织品有限公司
42	辽宁	一生一纱时尚产业（大连）有限公司
43	山东	济宁如意家纺有限公司
44	山东	临清市志海纺织有限责任公司
45	山东	青岛百草新材料股份有限公司
46	山东	青岛邦特生态纺织科技有限公司
47	山东	青岛新维纺织开发有限公司
48	山东	乳山汉泰大麻纺织有限公司
49	山东	山东广泰环保科技有限公司
50	山东	山东联润新材料科技有限公司

续表

序号	地区	企业名称
51	山东	山东千榕科技有限公司
52	山东	山东圣润纺织有限公司
53	山东	山东维蕾克纺织服饰有限公司
54	山东	山东兴国大成电子材料有限公司
55	山东	山东兴国新力环保科技股份有限公司
56	山东	山东兴国新力塑业科技有限公司
57	山东	山东银丰家用纺织品有限公司
58	山东	山东英利实业有限公司
59	山东	威海拓展纤维有限公司
60	山东	烟台明远创意生活科技股份有限公司 （原烟台明远家用纺织品有限公司）
61	山东	淄博朗达复合材料有限公司
62	山东	淄博祥源纺织有限公司
63	山西	山西吉利尔潞绸集团织造股份有限公司
64	陕西	陕西元丰纺织技术研究有限公司
65	陕西	陕西长岭纺织机电科技有限公司
66	上海	上海锴铨智能科技有限公司
67	上海	上海东隆羽绒制品有限公司
68	上海	上海灵氟隆膜技术有限公司
69	上海	上海兆妩品牌管理有限公司
70	上海	上海珍奥生物科技有限公司
71	四川	成都晓梦纺织品有限公司
72	新疆	新疆际华七五五五职业装有限公司
73	新疆	新疆玉泰驼绒纺织品有限公司
74	新疆	新疆臻泰纺织有限公司
75	浙江	杭州柯力达家纺有限公司
76	浙江	宁波丽华家居用品有限公司
77	浙江	宁波圣瑞思工业自动化有限公司
78	浙江	绍兴豪春纺织科技有限公司
79	浙江	绍兴勤烨针织工业园有限公司

续表

序号	地区	企业名称
80	浙江	桐乡市恒基差别化纤维有限公司
81	浙江	浙江澳亚织造股份有限公司
82	浙江	浙江蚕缘家纺股份有限公司
83	浙江	浙江东进新材料有限公司
84	浙江	浙江吉麻良丝新材料股份有限公司
85	浙江	浙江金佰利环境科技有限公司
86	浙江	浙江蓝天海纺织服饰科技有限公司
87	浙江	浙江尚正纺织科技有限公司
88	浙江	浙江省台州芸芝绣衣有限公司
89	浙江	浙江双灯家纺有限公司
90	浙江	浙江五世同堂真丝家纺股份有限公司
91	浙江	浙江原色数码科技有限公司
92	浙江	中多控股有限公司
93	重庆	重庆段氏服饰实业有限公司
94	重庆	重庆金猫纺织器材有限公司
95	重庆	重庆立泰服饰集团有限公司

附表2 第二批纺织行业专精特新中小企业名单

序号	地区	企业名称
1	天津	天津市阆亭服装服饰有限公司
2	天津	上工富怡智能制造（天津）有限公司
3	河北	河北邦泰氨纶科技有限公司
4	山西	山西天霞服饰有限公司
5	山西	山西经纬化纤机械股份有限公司
6	吉林	长春圣威雅特服装集团有限公司
7	上海	上海德福伦新材料科技有限公司
8	上海	上海嘉麟杰纺织科技有限公司
9	上海	上海七彩云电子商务有限公司
10	上海	上海动漫公共技术服务平台运营管理有限公司
11	江苏	苏州市吴中喷丝板有限公司

续表

序号	地区	企业名称
12	江苏	江苏佰家丽新材料科技股份有限公司 （原江苏佰家丽新材料科技有限公司）
13	江苏	国装新材料技术（江苏）有限公司
14	江苏	常熟纺织机械厂有限公司
15	江苏	张家港欣欣高纤股份有限公司
16	江苏	张家港宇新羊毛工业有限公司
17	江苏	江苏中孚达科技股份有限公司
18	江苏	江苏薪泽奇机械股份有限公司
19	江苏	无锡金通高纤股份有限公司
20	江苏	江苏海大纺织机械股份有限公司
21	江苏	江苏泰慕士针纺科技股份有限公司
22	江苏	江苏爱格斯凯服装科技发展有限公司
23	江苏	江苏金秋弹性织物有限公司
24	江苏	江苏豪申家纺布艺科技有限公司
25	江苏	南通市怡天时纺织有限公司
26	江苏	江苏华艺服饰有限公司
27	江苏	常州美胜生物材料有限公司
28	江苏	常州东方伊思达染织有限公司
29	江苏	常州市美尔娜服饰有限公司
30	江苏	常州找纱科技有限公司
31	江苏	连云港鹰游新立成纺织科技有限公司
32	江苏	江苏康乃馨织造有限公司
33	江苏	江苏晋成空调工程有限公司
34	江苏	盐城市自强化纤机械股份有限公司
35	江苏	江苏垿恒复合材料有限公司
36	浙江	杭州万事利丝绸数码印花有限公司
37	浙江	浙江凌迪数字科技有限公司
38	浙江	宁波市镇海德信兔毛加工厂
39	浙江	浙江嘉名染整有限公司
40	浙江	海宁纺织机械有限公司

序号	地区	企业名称
41	浙江	湖州纳尼亚实业有限公司
42	浙江	绍兴环思智慧科技股份有限公司
43	浙江	浙江九舜纺织有限公司
44	浙江	浙江金旗新材料科技有限公司
45	安徽	安徽元琛环保科技股份有限公司
46	安徽	吉祥三宝高科纺织有限公司
47	安徽	阜南华翔羊毛衫有限公司
48	安徽	滁州天鼎丰非织造布有限公司
49	安徽	六安市海洋羽毛有限公司
50	福建	福建永丰针纺有限公司
51	福建	福州市佳宇纺织器材有限公司 （原长乐佳宇纺织器材有限公司）
52	福建	晋大纳米科技（厦门）有限公司
53	福建	福建省百川资源再生科技股份有限公司
54	福建	石狮市瑞鹰纺织科技有限公司
55	福建	福建屹立智能化科技有限公司
56	福建	福建福能南纺卫生材料有限公司
57	福建	福建闽瑞新合纤股份有限公司
58	山东	青岛荣海服装有限公司
59	山东	赛特环球机械（青岛）有限公司
60	山东	中译语通科技（青岛）有限公司
61	山东	青岛尼希米生物科技有限公司
62	山东	淄博大染坊丝绸集团有限公司
63	山东	烟台业林纺织印染有限责任公司
64	山东	山东金英利新材料科技股份有限公司
65	山东	山东鲁普科技有限公司
66	河南	郑州沃华机械有限公司
67	河南	河南省纺织建筑设计院有限公司
68	湖南	岳阳宝丽纺织品有限公司
69	湖南	湖南旭荣制衣有限公司

续表

序号	地区	企业名称
70	广东	广州恩沣新材料科技有限公司
71	广东	广东鸿泰时尚服饰股份有限公司
72	云南	保山恒丰纺织科技有限公司
73	云南	德宏正信实业股份有限公司
74	陕西	陕西锦澜科技有限公司
75	陕西	西安航空发动机成套设备有限公司
76	陕西	陕西咸阳杜克普服装有限公司

附表3　第三批纺织行业专精特新中小企业名单

序号	地区	企业名称
1	北京	北京顺美服装股份有限公司
2	北京	北京新益纺织品有限公司
3	辽宁	沈阳飞行船数码喷印设备有限公司
4	辽宁	大连隆生服饰有限公司
5	辽宁	大连新新服装制造有限公司
6	辽宁	大连蒂姆服装服饰有限公司
7	辽宁	大连欧派科技有限公司
8	辽宁	鞍山顺丰科技有限公司
9	辽宁	辽宁洁花环保科技装备有限公司
10	辽宁	优纤科技（丹东）有限公司
11	辽宁	丹东海合谷实业有限公司
12	辽宁	丹东新龙泰服装实业有限公司
13	辽宁	丹东天光反光材料有限公司
14	辽宁	丹东天皓净化材料有限公司
15	辽宁	辽宁博联过滤有限公司
16	辽宁	辽宁英华纺织服饰集团有限公司
17	辽宁	葫芦岛益丰（集团）运动服饰有限公司
18	上海	上海妙宅科技发展有限公司
19	上海	上海芳欣科技有限公司
20	上海	上海恐龙生活科技有限公司

续表

序号	地区	企业名称
21	上海	逸尚创展（上海）科技有限公司
22	江苏	无锡长江精密纺织有限公司
23	江苏	无锡鼎球绢丝纺有限公司
24	江苏	江苏海特服饰股份有限公司
25	江苏	江苏鹏翔新材料科技股份有限公司
26	江苏	常州恒利宝纳米新材料科技有限公司
27	江苏	常州宏大智慧科技有限公司（原常州市宏大电气有限公司）
28	江苏	苏州润步新材料有限公司
29	江苏	苏州印丝特数码科技有限公司
30	江苏	苏州九一高科无纺设备有限公司
31	江苏	苏州贝彩纳米科技有限公司
32	江苏	江苏华佳丝绸股份有限公司
33	江苏	吴江德伊时装面料有限公司
34	江苏	吴江京奕特种纤维有限公司
35	江苏	吴江市汉塔纺织整理有限公司
36	江苏	吴江市兰天织造有限公司
37	江苏	江苏润山精密机械科技有限公司
38	江苏	天宇羊毛工业（张家港保税区）有限公司
39	江苏	张家港普坤毛纺织染有限公司
40	江苏	张家港市三友氨纶纱线有限公司
41	江苏	张家港泽丰纺织品有限公司
42	江苏	昆山华阳新材料股份有限公司
43	江苏	江苏雅鹿品牌运营股份有限公司
44	江苏	南通双弘纺织有限公司
45	江苏	南通华强布业有限公司
46	江苏	江苏金由新材料有限公司
47	江苏	连云港杜钟新奥神氨纶有限公司
48	江苏	江苏海科纤维有限公司
49	江苏	江苏康大无纺有限公司

序号	地区	企业名称
50	浙江	浙江三元纺织有限公司
51	浙江	杭州朗润纺织有限公司
52	浙江	杭州卓达染整有限公司
53	浙江	杭州永盛高纤股份有限公司
54	浙江	浙江云橙控股集团股份有限公司
55	浙江	浙江森马教育科技有限公司
56	浙江	浙江浅秋针织服饰有限公司
57	浙江	浙江嘉欣金三塔丝绸服饰有限公司
58	浙江	浙江金彩新材料有限公司
59	浙江	浙江荣大时尚科技有限公司
60	浙江	桐乡市中洲化纤有限责任公司
61	浙江	浙江金蚕网供应链管理有限公司
62	浙江	浙江万方纺织科技有限公司
63	浙江	浙江美欣达纺织印染科技有限公司
64	浙江	浙江优全护理用品科技股份有限公司
65	浙江	华祥（中国）高纤有限公司
66	浙江	凯泰特种纤维科技有限公司
67	浙江	浙江朗贝尼纺织科技有限公司
68	浙江	浙江宝纺印染有限公司
69	浙江	达利丝绸（浙江）有限公司
70	浙江	浙江鼎艺新材料科技有限公司
71	浙江	浦江新鑫化纤备件有限公司
72	安徽	安徽丰原生物纤维股份有限公司
73	福建	福建恒捷实业有限公司
74	福建	太极石股份有限公司
75	福建	厦门市喔咧网络科技有限公司
76	福建	泉州海天材料科技股份有限公司
77	福建	福建佰源智能装备股份有限公司
78	福建	福建赛孔雀新材料科技有限公司
79	福建	福建赛隆科技有限公司

续表

序号	地区	企业名称
80	福建	福建鑫森合纤科技有限公司
81	山东	青纺联（枣庄）纤维科技有限公司
82	山东	中材科技膜材料（山东）有限公司
83	山东	山东岱银纺织服装研究院有限公司
84	山东	山东如悦医疗科技有限公司
85	山东	山东德信羊绒科技有限公司
86	河南	郑州天启自动化系统有限公司
87	河南	河南昊昌精梳机械股份有限公司
88	河南	河南平棉纺织集团股份有限公司
89	河南	河南二纺机股份有限公司
90	广东	比音勒芬服饰股份有限公司
91	广东	深圳市全印图文技术有限公司
92	广东	佛山市华大纺机有限公司
93	广东	佛山技研智联科技有限公司
94	广西	广西桂华丝绸有限公司
95	四川	四川安泰茧丝绸集团有限公司
96	陕西	陕西雅兰寝饰用品有限公司
97	陕西	榆林市蒙赛尔服饰有限责任公司
98	陕西	陕西博雅服饰科技有限公司
99	宁夏	青铜峡市仁和纺织科技有限公司

附录三

31省（自治区、直辖市）专精特新政策汇总

在国家政策引导下，各地各部门为加快培育专精特新企业，推动产业链创新链协同发展，采取一系列举措，具备创新能力的企业通过参与专精特新培育计划，快速走上专精特新发展道路，享受政策红利。

1. 北京市

《北京市关于促进"专精特新"中小企业高质量发展的若干措施》提出，力争到"十四五"末，北京市国家级专精特新"小巨人"企业达到500家，市级专精特新"小巨人"企业达到1000家，市级专精特新中小企业达到5000家。

支持企业数字化智能化绿色化转型。支持企业申请智能化、数字化和绿色化技术改造项目，对符合条件的项目给予最高3000万元的奖励。定期开展企业"上云上平台"业务培训和供需对接活动。每年遴选不少于30家数字化转型标杆企业。加快专精特新集聚发展。要打造一批专精特新特色园区；鼓励北京市各区给予服务平台房租减免、运行补助等支持，对迁入本市的国家级专精特新"小巨人"企业给予一次性奖励。完善重点产业链配套。围绕龙头企业薄弱环节，组织企业开展揭榜攻关和样机研发，根据项目投入给予最高5000万元支持。按产业链梳理专精特新企业，支持"小巨人"企业围绕产业链布局开展并购重组，吸引上下游企业在京落地。

2. 天津市

天津市财政局、市工信局修订印发的《天津市中小企业发展专项资金管理办法》明确，为鼓励专精特新种子企业和市级专精特新中小企业做大做强，培育更多国家级"小巨人"企业，对认定的各梯度专精特新企业新增融资给予贴息、贴保等补贴，其中对在库的市级专精特新中小企业有望给予累计不超过50万元的补贴，对专精特新种子企业有望给予累计不超过10万元的补贴等。

《天津市"专精特新"中小企业培育工程管理办法》提出，对列入市级专精特新中小企业培育名单的企业择优给予最高不超过50万元一次性奖励，支持推动中小企业转型升级，聚焦主业，增强核心竞争力，不断提高发展质量和水平，更好促进中小企业发展。

《天津市支持"专精特新"中小企业中央财政奖补资金使用管理实施细则》提出，统筹支持公共服务示范平台为专精特新中小企业提供服务的奖补资金分配原则。根据中央财政下达的当年奖补资金规模，结合公共服务体系实施期内绩效目标和为专精特新企业、重

点为国家级专精特新"小巨人"企业提供的服务成本，对政策、创新和技术、数字化赋能、工业设计、融资对接、管理咨询、市场开拓、培训、法律维权和其他等不同服务类型分档给予公共服务示范平台适当成本补贴。原则上每家公共服务示范平台最高补贴不超过200万元。

3. 上海市

《上海市助行业强主体稳增长的若干政策措施》指出，支持专精特新中小企业茁壮成长。对入选市级、国家级的专精特新中小企业实现奖励全覆盖，由各区对新认定市级专精特新中小企业给予不低于10万元奖励，对新认定国家专精特新"小巨人"给予不低于30万元奖励。推广专精特新中小企业"码上贷"，深入实施知识产权服务专精特新中小企业专项行动，推出专精特新中小企业专属服务包，在上海市企业服务云开设专精特新中小企业服务专窗，为专精特新中小企业提供一门式服务。

4. 重庆市

《重庆市推进"专精特新"企业高质量发展专项行动计划（2022—2025年）》从加强专精特新企业孵化培育、科技支撑、金融支持、公共服务、财政政策等五个方面，提出了30项建设任务。其中提出，到2025年，全市将培育创新型中小企业2.5万家，市级专精特新中小企业2500家，国家专精特新"小巨人"企业300家，新增上市企业25家。

在专精特新企业孵化培育方面，重庆市将组建10个技术创新战略联盟，推动"产、学、研"协同创新。同时，全市还将重点支持10家中小企业孵化器建设、重点培育10个市级重点关键产业园。

在科技创新方面，重庆市将推动专精特新企业数字化、智能化、绿色化发展，培育数字化车间400个、智能工厂50个、绿色工厂100个。

5. 河北省

《河北省促进中小企业"专精特新"发展若干措施》提出，"十四五"末期，培育省级专精特新中小企业4500家，打造500家国家级专精特新"小巨人"企业，服务带动万家以上创新型中小企业向专精特新企业发展。

助力企业数字化转型。支持重点企业开展"制造业+互联网"新模式新业态应用，对自动化设备购置与改造、信息化软硬件购置、系统开发与服务等费用，按照不高于实际投入额的10%给予支持，单个项目不超过100万元。

推动企业数字化改造。开展智能制造模块、智能产线推广，帮助中小企业加快制造装备联网、关键工序数控化等数字化改造，推动实现精益生产、精细管理和智能决策，并对智能制造标杆企业给予100万元奖励。

6. 山西省

据山西省促进中小企业发展工作领导小组透露，山西省将大力实施专精特新中小企业培育工程，到"十四五"末期，专精特新企业和"小巨人"企业倍增，专精特新企业超3000户，省级专精特新"小巨人"企业超500户，国家级专精特新"小巨人"企业超200

户，推动一批专精特新"小巨人"企业在上海证券交易所、深圳证券交易所、北京证券交易所上市。

《山西省"专精特新"中小企业培育工作方案》明确，将持续完善政策要素、财税要素、金融要素、创新要素、能源要素、精准服务等各类支持保障，着力推动专精特新企业在成长性、创新能力和市场竞争力等方面大幅提升，在数量、质量、结构、规模、效益、安全等方面显著突破，成为我省全方位推动高质量发展的生力军。

山西省将构建专精特新中小企业梯度培育体系，建立专精特新中小企业培育库，引导中小企业走"三位一体"高质量发展之路；加大专项资金支持力度，设立3亿元省级专精特新中小企业专项引导基金。

对通过知识产权交易，获得技术升级并申报专精特新企业、省级专精特新"小巨人"企业、国家级专精特新"小巨人"企业成功的，规下中小工业企业上规升级的，规上中小工业企业主营业务收入提升30%或利润率达到15%以上等的交易买方，给予不超过交易金额的20%资金补助，对同一企业同一年度内的知识产权交易，最高补助不超过200万元。

7. 辽宁省

辽宁省发布的《进一步优化营商环境加大对中小微企业和个体工商户纾困帮扶力度的政策措施》提出，给予科技型和专精特新等企业资金支持。统筹省科技专项资金，对新备案的省级瞪羚、独角兽企业，给予20万元、50万元奖励性后补助支持。

组建提升类实质性产学研联盟，支持科技型中小企业与高校院所、人才团队开展产学研合作，按企业研发投入比例、给予最高不超过50万元后补助支持。

统筹省优质企业培育专项资金，对新认定的国家级和省级专精特新中小企业、专精特新"小巨人"企业、制造业单项冠军，给予最高不超过100万元奖励。各地区可根据实际情况给予瞪羚、独角兽企业和专精特新企业政策资金支持。

8. 吉林省

《吉林省"专精特新"中小企业培育计划（2021—2025年）》提出，计划到2025年底，培育省级专精特新中小企业1000家，完成国家下达的国家专精特新"小巨人"企业培育任务。

《吉林省人民政府关于进一步支持民营经济（中小企业）发展若干政策措施》提出，支持专精特新企业加快发展。实施专精特新中小企业培育计划，着力培育年营业收入1000万元以上、年研发费用投入占比不低于1.5%、对全省重点产业具有强链作用的创新型中小企业。"十四五"期间，累计安排1亿元省级中小企业和民营经济发展专项资金，对认定为省级以上的专精特新中小企业，给予贷款贴息和奖补等方面的扶持，到2025年底培育1000户省级专精特新中小企业。

《吉林省人民政府关于实施"专精特新"中小企业高质量发展梯度培育工程的意见》提出，到2025年底，全省争创国家制造业单项冠军企业10户，争创国家级专精特新"小巨人"企业100户，培育省级专精特新中小企业1500户、市（州）级专精特新中小企业

3000 户，培育优质"种子企业"10000 户。到 2025 年底，全省在"新三板"挂牌的专精特新中小企业力争达到 20 户，在上海、深圳、北京证券交易所上市的专精特新中小企业力争达到 15 户。

9. 黑龙江省

《黑龙江省"隐形冠军"企业培育实施方案》提出，到 2025 年，力争认定 100 户"隐形冠军"企业，建立"隐形冠军"企业数据库，进行重点培育，促进中小企业专精特新发展。

《推动"数字龙江"建设加快数字经济高质量发展若干政策措施》提出，推动制造业数字化转型和中小企业数字化赋能。每年认定中小企业数字化示范标杆企业 50 户，省级财政对每户企业一次性奖励 50 万元，其中省级专精特新中小企业一次性奖励 100 万元。

10. 江苏省

江苏省多地出台了专精特新企业金融扶持政策，优化金融工具，赋能专精特新企业做强做优，不断提升创新能力与核心竞争力。

南京市先后出台《南京市推动专精特新中小企业高质量发展行动方案》和《关于加快发展专精特新中小企业的若干措施》，单项最高奖励 800 万支持专精特新企业发展，并设立"专精特新保"融资担保产品，为企业融资提供增信服务。在南京金服平台上，企业可享受年度累计 6000 万元额度的"零成本"民营企业转贷基金，可对授信 2000 万元以下无抵押、无质押"宁创贷"流动资金贷款申请免保费政策性担保。

针对专精特新企业，无锡市提出"小巨人"企业贷款余额年均增速不低于 15%，有贷款户数持续增加，信用保险保额逐年增长的硬指标；力争到 2025 年底，专精特新"小巨人"企业贷款余额突破 500 亿元，非上市企业的信贷覆盖面不低于 80%。推动在当地中小微企业信用保证基金项下新设"专精特新贷"；有条件的银行自主开发"小巨人贷""专精特新贷""科技成果转化贷"等专属信贷产品；保险机构为专精特新"小巨人"企业提供信用保险服务。

常州市对新认定的不同层级的专精特新企业，分别给予最高 200 万元、100 万元、50 万元奖励。同时，对市级以上专精特新企业专利权质押贷款 1000 万元以下的，按同期 LPR 标准的 50% 给予贴息，同一企业最高 50 万元。

11. 浙江省

浙江省印发的《关于大力培育促进"专精特新"中小企业高质量发展的若干意见》提出，到 2025 年，累计培育创新型中小企业 5 万家以上、省级专精特新中小企业 1 万家以上、省级"隐形冠军"企业 500 家、国家专精特新"小巨人"企业 1000 家，新增国家制造业单项冠军企业 130 家左右，打造成为补链强链和引领经济高质量发展的中坚力量，推动专精特新中小企业培育发展工作继续走在全国前列。

支持专精特新中小企业建设企业技术中心、重点企业研究院、工程研究中心、产业技术创新中心、制造业创新中心、技术创新联盟和产业创新服务综合体建设。鼓励企业通过并购或自建方式在海外设立研发机构，研发投入总金额高于 1000 万元的，按核定研发投入的 5%给予最高不超过 500 万元的一次性奖励。

12. 安徽省

《安徽省专精特新中小企业倍增行动方案》提出，到 2025 年实现专精特新企业梯队"3 个倍增"，即省级专精特新企业 5000 家以上，国家级专精特新"小巨人"企业达 500 家，国家级单项冠军企业达 50 家。

实施"五企"培育工程。按照"创新型中小企业→省专精特新企业→省专精特新冠军企业→国家级'小巨人'企业→国家级单项冠军企业"成长路径，每年培育创新型中小企业 2000 家，遴选省专精特新企业 500 家，对省培育认定的专精特新冠军企业给予一次性奖补 80 万元，对获得国家级专精特新"小巨人"、单项冠军称号的企业分别给予一次性奖补 100 万元、200 万元，鼓励各地对省认定的专精特新企业给予奖补。对迁入安徽的国家级专精特新"小巨人"、单项冠军企业分别给予一次性奖补 100 万元、200 万元。

13. 福建省

《福建省加大力度助企纾困激发中小企业发展活力的若干意见》从提高资金奖励标准、鼓励实施技术改造、开展"专精特新八闽行"活动三方面支持专精特新企业发展。其中提出，对新认定的省专精特新中小企业和国家专精特新"小巨人"企业，由省级财政分别给予一次性 20 万元、50 万元奖励。

14. 江西省

江西省促进中小企业发展工作领导小组印发的《江西省为"专精特新"中小企业办实事清单》聚焦中小企业发展痛点难点堵点问题，从加大财税支持、优化信贷政策、畅通融资渠道、提升创新水平、推动数字赋能、加强人才支撑、助力开拓市场、提供精准服务、形成帮扶合力等九个方面提出了 25 条实施任务清单。其中包括：发挥各级中小企业发展专项资金作用，重点支持专精特新中小企业高质量发展及为企业提供"点对点"服务的中小企业公共服务平台建设；支持符合条件的专精特新中小企业上市融资；对专精特新中小企业申报或牵头申报的科技研发、重大成果转化等创新类项目，同等条件下优先支持等。

15. 山东省

山东省工信厅发布的《山东省"专精特新"中小企业培育方案》提出，到 2025 年，入库培育创新型中小企业 2 万家以上；新培育认定省级专精特新中小企业 4000 家，累计达到 10000 家左右；争创国家级专精特新"小巨人"企业 400 家，累计达到 750 家左右，确保走在全国前列，力争成为排头兵。其中提出，国家重点项目引领工程、育种扶苗工程、创新能力提升工程、产业链协同工程、数字化转型工程、资本赋能工程、双循环融入工程、人才汇聚工程等 8 项重点任务，具体包括指导国家级专精特新"小巨人"企业创新突破，争取更多列入国家支持范围，始终保持入围数量排在前列。优选不少于 1000 家专精特新中小企业纳入全省上市后备资源库。重点组织国家级专精特新"小巨人"企业对接北京证券交易所、科创板和创业板，省级专精特新中小企业对接"新三板"。

16. 河南省

河南银保监局联合河南省科技厅、工信厅、财政厅、金融局、中国人民银行郑州中心支行等单位印发的《河南银行业保险业支持"专精特新"中小企业高质量发展的指导意见》分别从明确服务重点、健全体系机制、创新特色产品、强化联动合作等 6 个方面提出20 条措施，引导金融机构进一步支持河南省专精特新中小企业高质量发展，带动更多中小企业走专精特新发展之路。其中提出，力争到 2025 年，对全省各级专精特新中小企业金融服务覆盖率达到 100%，对单项冠军企业、国家级专精特新"小巨人"企业和省级专精特新中小企业授信合作与保险保障 100% 覆盖。

河南省工信厅、财政厅、地方金融监管局等七部门联合推出了"专精特新贷"业务，并设立风险补偿资金池。经省级以上行业主管部门认定的专精特新"小巨人"企业、专精特新中小企业和创新型中小企业均属于"专精特新贷"支持对象，单一企业在所有合作银行中"专精特新贷"业务累计授信额度上限分别为 5000 万元、3000 万元、1000 万元。

17. 湖北省

湖北省经济和信息化厅联合中国人民银行武汉分行出台的《关于金融支持"专精特新"中小企业创新发展的指导意见》就做好金融支持专精特新中小企业创新发展提出 13 条措施。专精特新中小企业，被列为金融优先支持对象。其中提出，积极增加有效信贷供给，进一步提高金融支持专精特新中小企业高质量发展的力度和水平。力争"十四五"期间，专精特新中小企业贷款增速不低于各项贷款平均增速，专精特新领域新增贷款 350 亿元以上。

运用大数据、云计算等技术建立风险定价模型，积极开发符合专精特新中小企业特点的信用贷款品种。深入推进制造业金融链链长负责制，强化对重点产业链的对接服务，深化与链上核心企业的战略合作，共同搭建产业链供应链金融平台。完善对接机制，加大信用信息支持力度，加大信用培植力度，切实帮助企业实现融资。

18. 湖南省

《湖南省专精特新"小巨人"企业培育计划（2021—2025）》提出，"十四五"期间，全省每年重点培育 300 家左右省级专精特新"小巨人"企业，梯度培育一批省级专精特新"小巨人"企业成长为国家级专精特新"小巨人"企业、单项冠军企业，支持一批专精特新"小巨人"企业成长为上市企业，引领带动全省中小企业高质量发展。

重点面向制造业中小企业，聚焦新一代信息技术、生物技术、新能源、新材料、高端装备、新能源汽车、绿色环保及航空航天、海洋装备等战略性新兴产业，工业新兴优势产业链、工业"四基"创新、新基建等领域的优质中小企业。

19. 广东省

《广东省进一步支持中小企业和个体工商户纾困发展若干政策措施》提出，积极争取中央财政支持广东省专精特新中小企业发展。广东省对国家新认定的专精特新"小巨人"

企业给予一次性奖励，支持企业提升创新能力和专业化水平；在支持先进制造业发展等专项资金中对国家和省专精特新中小企业予以倾斜支持；鼓励各市对专精特新中小企业给予资金支持。完善科技型中小企业、专精特新中小企业投融资对接机制，拓宽融资渠道，加快上市步伐，力争5年推动300家中小企业挂牌上市融资。

加大对中小企业研发支持力度，鼓励各地设立面向科技型、创新型中小企业的研发计划，打造产业链协同创新体系，支持有条件的专精特新中小企业和科技型、创新型中小企业优先参与省级以上制造业创新平台建设。

20. 海南省

《海南省促进中小企业"专精特新"发展工作实施方案（修订）》提出，到2025年，滚动培育300家以上省级专精特新中小企业，30家以上国家专精特新"小巨人"企业，总结推广一批中小企业专精特新发展模式，打造一批在技术、市场、产品、管理等方面具有持续竞争力的中小企业群体。

围绕旅游业、现代服务业、高新技术产业三大主导产业，以及热带特色高效农业，引导全省中小企业走专精特新发展之路，提升自主创新能力、加快转型升级，促进中小企业专业化、精细化、特色化、创新型发展，形成滚动发展梯度培育格局。

21. 四川省

四川银行、重庆银行在四川省"5+1"产业金融推进会暨重点工业融资推介活动上，发布了"川银–专精特新贷""专精特新信用贷"两款专项信贷产品。

"川银–专精特新贷"是四川银行向省内优质的国家级专精特新"小巨人"、四川省级专精特新企业提供的信贷业务。该产品给予四川省级的专精特新中小企业单户可达3000万元~1亿元；国家级专精特新"小巨人"企业授信额度可适当放宽，根据企业实际情况，以订单需求确定贷款额度。

"专精特新信用贷"是重庆银行向工信部或者四川省经信厅认定的专精特新中小企业发放的用于满足其流动资金需求的信用贷款。该产品贷款额度最高1000万元，最长期限3年。

22. 贵州省

贵州省工业和信息化厅印发的《关于支持贵州股权交易中心设立"专精特新专板"的通知》，支持贵州股权交易中心有限公司（简称贵州股交）设立"专精特新专板"。专板的建立，旨在为全省专精特新"小巨人"企业提供专门化、专业化、专项化的资本市场服务。贵州股交将充分发挥沪深交易所贵州基地职能，按行业、按阶段为专板企业提供资本市场一对一、一站式的培育孵化服务。提供债权融资、股权融资、股份制改造、上市、兼并重组等多层级的资本市场服务，满足不同发展阶段的需求。同时，发挥贵州股交融资路演展示功能，挖掘专板企业专精特新属性，强化专板企业与资本市场对接，持续深化资本市场服务模式。

23. 云南省

《云南省支持中小企业纾困发展若干措施》提出，对专精特新中小企业实施梯度分类培育，根据企业发展指标评定情况，通过省级中小企业发展专项资金择优给予一定奖补。

支持中小企业公共服务示范平台分层级为专精特新中小企业配备服务专员，定制专属服务包，提供个性化服务产品。

建立税务、金融、银保监、证监等部门直通专精特新中小企业机制，"一企一策"提供"点对点"精细服务。建立专精特新企业名单推送共享机制，鼓励银行量身定制金融服务方案，打造专属信贷产品；鼓励保险机构提供信用保险服务，落实中央小微企业融资担保降费奖补政策，在云南省区域性股权市场探索设立专精特新专版。

24. 陕西省

《陕西省重点产业链和"专精特新"中小企业银行贷款（工信贷）风险补偿实施细则》明确，"工信贷"是省工信厅会同省财政厅在"陕西省中小微企业银行贷款风险补偿资金"项下设立的子项目。贷款对象为纳入23条重点产业链"链主"企业供应商目录清单的省内中小微企业；经省级以上工业和信息化主管部门认定的专精特新中小企业。

2022~2025年，陕西省级财政将安排3亿元以上奖补资金，分三批重点支持一批专精特新中小企业高质量发展。此次奖补资金支持方式为：对2022年获得中央财政支持的国家级重点"小巨人"企业，给予配套奖补；对专精特新中小企业给予最高不超过50万元的支持。

25. 甘肃省

《甘肃省为"专精特新"中小企业办实事清单》提出，重点聚焦财税支持，即甘肃省财政厅对认定为省级专精特新中小企业每户奖励30万元，认定为国家级专精特新"小巨人"企业每户奖励50万元，并争取国家中小企业发展专项资金支持。建立专精特新中小企业名单推送共享机制，定期向金融机构推荐符合条件的专精特新中小企业名单；开展2次以上专精特新中小企业银企对接活动，力争全年为100户以上专精特新中小企业融资10亿元以上。

26. 青海省

青海省人民政府印发的《关于印发青海省实施工业经济高质量发展"六大工程"工作方案（2022—2025年）的通知》提出，培育一批主营业务突出、竞争能力强、成长性好、创新力强、专注细分市场的专精特新中小企业，到2025年专精特新企业达到120户，20户成长为国内市场领先的专精特新"小巨人"，培育1~2户制造业单项冠军企业。

青海省对当年培育新增规上工业企业（不包括退库再次入库企业）给予20万元一次性奖励；对被认定为创新型中小企业的，给予不高于20万元一次性奖励；对被认定为专精特新中小企业的，给予不高于50万元一次性奖励，对被认定为专精特新"小巨人"企业的，给予不高于100万元一次性奖励。

27. 内蒙古自治区

《内蒙古自治区"十四五"工业和信息化发展规划》中提出,提升中小企业专业化能力。基于"众创业、个转企、小升规、小巨人"的企业成长路径,支持中小企业专业化发展、精细化提质、特色化竞争和新颖化改造,培育一批产品质量优、创新能力强、市场占有率高、发展潜力大的中小企业。制定《"专精特新"中小企业培育方案》,按照"储备一批、培育一批、提升一批"的原则,认定和支持一批专精特新示范中小企业和细分领域的"小巨人"企业。鼓励中小企业发挥优势,主动融入产业链供应链,塑造分工明确、协作密切、整体竞争力稳步提升的企业集群发展良好生态。到 2025 年,培育专精特新示范中小企业 200 家、"小巨人"企业 80 家。

"十四五"期间,内蒙古自治区将以促进中小企业创新发展、提质增效、转型升级为主线,坚持传统产业升级和新兴产业培育并举,聚焦政策扶持、优化环境、服务创新,加大力度培育一批产品质量优、创新能力强、市场占有率高、发展潜力大的专精特新中小企业,为推动内蒙古自治区经济高质量发展、构建新发展格局提供有力支撑。

28. 西藏自治区

《西藏自治区关于促进中小企业"专精特新"发展的指导意见》指出,力争到"十四五"末,自治区级专精特新中小企业达 150 家左右,其中,主营业务收入 5 亿元以上的"行业小巨人"20 家,使之成为推动新兴产业发展的新引擎、引领中小企业转型升级的主力军。其中包括八项重点任务:一是加强培育指导;二是增强创新能力;三是强化载体建设;四是提升质量品牌;五是完善服务体系;六是提升信息化水平;七是促进协作配套;八是提高管理水平。

29. 宁夏回族自治区

宁夏回族自治区促进民营经济和中小企业发展工作领导小组办公室印发的《为专精特新中小企业办实事清单》,从加大财税支持力度、完善信贷支持政策、畅通市场化融资渠道、推动产业链协同创新、提升企业创新能力、推动数字化转型、加强人才智力支持、助力企业开拓市场、提供精准对接服务、开展服务帮扶活动等 10 个方面提出 31 条具体工作措施。

在加大财税支持力度方面,自治区相关部门将积极争取中央财政资金支持,持续安排中小企业发展专项资金,加大对专精特新中小企业支持力度。税务部门将开展税收服务"春雨润苗"专项行动,开通税费服务直通车,为专精特新中小企业提供"点对点"精细服务。

30. 新疆维吾尔自治区

新疆多举措并举推动专精特新中小企业进一步实现高质量发展。

财税支持方面,新疆各地积极争取国家、自治区专精特新中小企业发展专项资金,同时地区配套对国家、自治区首次认定的专精特新"小巨人"企业及专精特新企业分别给予一次性奖励。

信贷政策方面，新疆出台建立专精特新中小企业名单推送共享机制。要求落实"政银保担企"合作机制，定期向人民银行阿克苏支行、地区银保监局推送专精特新中小企业名单，人民银行阿克苏支行和地区银保监局及时将名单推送至银行业保险业金融机构，引导银行业保险业金融机构围绕专精特新中小企业需求，量身定制金融服务方案，推出专属信贷产品、加大信贷支持力度，优化相关服务内容。

31. 广西壮族自治区

《广西壮族自治区为"专精特新"中小企业办实事清单》《广西壮族自治区提升中小企业竞争力若干措施》《广西壮族自治区金融支持"专精特新"中小企业若干措施》《广西壮族自治区中小企业"专精特新"培育提升行动计划》形成支持中小企业发展的"1+3"长短政策"组合拳"，从财税支持、金融支持、产业链协同创新、创新能力提升、数字化转型、人才智力支持等多方面发力，力争到"十四五"末，实现国家级专精特新"小巨人"企业数量排西部前三，累计培育自治区级专精特新中小企业 800 家。

《广西壮族自治区为"专精特新"中小企业办实事清单》提出，对认定为国家、自治区级专精特新中小企业分别给予不超过 100 万元、50 万元奖励。每年"桂惠贷"投向专精特新中小企业不少于 100 亿元。专精特新中小企业在沪、深、京交易所首次公开发行股票并上市的，分阶段给予奖励累计 600 万元；在新三板挂牌的，给予一次性奖励 100 万元。

附录四

优质中小企业梯度培育管理暂行办法

（工业和信息化部，工信部企业〔2022〕63号）

第一章　总则

第一条 为提升中小企业创新能力和专业化水平，促进中小企业高质量发展，助力实现产业基础高级化和产业链现代化，根据《中华人民共和国国民经济和社会发展第十四个五年规划和2035年远景目标纲要》《"十四五"促进中小企业发展规划》《关于健全支持中小企业发展制度的若干意见》，制定本办法。

第二条 优质中小企业是指在产品、技术、管理、模式等方面创新能力强、专注细分市场、成长性好的中小企业，由创新型中小企业、专精特新中小企业和专精特新"小巨人"企业三个层次组成。创新型中小企业具有较高专业化水平、较强创新能力和发展潜力，是优质中小企业的基础力量；专精特新中小企业实现专业化、精细化、特色化发展，创新能力强、质量效益好，是优质中小企业的中坚力量；专精特新"小巨人"企业位于产业基础核心领域、产业链关键环节，创新能力突出、掌握核心技术、细分市场占有率高、质量效益好，是优质中小企业的核心力量。

第三条 参评优质中小企业应在中华人民共和国境内工商注册登记、具有独立法人资格，符合《中小企业划型标准规定》，企业未被列入经营异常名录或严重失信主体名单，提供的产品（服务）不属于国家禁止、限制或淘汰类，同时近三年未发生重大安全（含网络安全、数据安全）、质量、环境污染等事故以及偷漏税等违法违规行为。

第四条 优质中小企业梯度培育工作，坚持完整、准确、全面贯彻新发展理念，坚持专精特新发展方向，坚持有效市场与有为政府相结合，坚持分层分类分级指导，坚持动态管理和精准服务。

第五条 工业和信息化部负责优质中小企业梯度培育工作的宏观指导、统筹协调和监督检查，推动出台相关支持政策，发布相关评价和认定标准，负责专精特新"小巨人"企业认定工作。各省、自治区、直辖市及计划单列市、新疆生产建设兵团中小企业主管部门（以下简称省级中小企业主管部门）根据本办法制定细则，报工业和信息化部备案，并依据细则负责本地区优质中小企业梯度培育工作，负责专精特新中小企业认定和创新型中小企业评价工作。其他机构不得开展与创新型中小企业、专精特新中小企业、专精特新"小巨人"企业有关的评价、认定、授牌等活动。

第六条 各级中小企业主管部门应强化优质中小企业的动态管理，建立健全"有进有出"的动态管理机制。"十四五"期间，努力在全国推动培育 100 万家创新型中小企业、10 万家专精特新中小企业、1 万家专精特新"小巨人"企业。

第七条　工业和信息化部建设优质中小企业梯度培育平台（以下简称培育平台），搭建优质中小企业数据库。各级中小企业主管部门应加强服务对接和监测分析，对企业运行、发展态势、意见诉求，以及扶持政策与培育成效等开展定期和不定期跟踪，有针对性地制定政策和开展精准服务；进一步落实"放管服"要求，推动涉企数据互通共享，减轻企业数据填报负担。

第二章　评价和认定

第八条　优质中小企业评价和认定工作坚持政策引领、企业自愿、培育促进、公开透明的原则，按照"谁推荐、谁把关，谁审核、谁管理"方式统筹开展、有序推进。

第九条　工业和信息化部发布并适时更新创新型中小企业评价标准（附件 1）、专精特新中小企业认定标准（附件 2）和专精特新"小巨人"企业认定标准（附件 3）。专精特新中小企业认定标准中的"特色化指标"，由省级中小企业主管部门结合本地产业状况和中小企业发展实际设定并发布。

第十条　创新型中小企业评价，由企业按属地原则自愿登录培育平台参与自评，省级中小企业主管部门根据评价标准，组织对企业自评信息和相关佐证材料进行审核、实地抽查和公示。公示无异议的，由省级中小企业主管部门公告为创新型中小企业。

第十一条　专精特新中小企业认定，由创新型中小企业按属地原则自愿提出申请，省级中小企业主管部门根据认定标准，组织对企业申请材料和相关佐证材料进行审核、实地抽查和公示。公示无异议的，由省级中小企业主管部门认定为专精特新中小企业。

第十二条　专精特新"小巨人"企业认定，由专精特新中小企业按属地原则自愿提出申请，省级中小企业主管部门根据认定标准，对企业申请材料和相关佐证材料进行初审和实地抽查，初审通过的向工业和信息化部推荐。工业和信息化组织对被推荐企业进行审核、抽查和公示。公示无异议的，由工业和信息化部认定为专精特新"小巨人"企业。

原则上每年第二季度组织开展专精特新"小巨人"企业认定工作，省级中小企业主管部门应根据工作要求，统筹做好创新型中小企业评价、专精特新中小企业认定和专精特新"小巨人"企业推荐工作。

第三章　动态管理

第十三条　经公告的创新型中小企业有效期为三年，每次到期后由企业重新登录培育平台进行自评，经省级中小企业主管部门审核（含实地抽查）通过后，有效期延长三年。经认定的专精特新中小企业、专精特新"小巨人"企业有效期为三年，每次到期后由认定部门组织复核（含实地抽查），复核通过的，有效期延长三年。

第十四条　有效期内的创新型中小企业、专精特新中小企业和专精特新"小巨人"企业，应在每年 4 月 30 日前通过培育平台更新企业信息。未及时更新企业信息的，取消复核资格。

第十五条　有效期内的创新型中小企业、专精特新中小企业和专精特新"小巨人"企业，如发生更名、合并、重组、跨省迁移、设立境外分支机构等与评价认定条件有关的重大变化，应在发生变化后的 3 个月内登录培育平台，填写重大变化情况报告表。不再符合评价或认定标准的创新型中小企业和专精特新中小企业，由省级中小企业主管部门核实后取消公告或认定；不再符合认定标准的专精特新"小巨人"企业，由省级中小企业主管部门核实后报工业和信息化部，由工业和信息化部取消认定。对于未在 3 个月内报告重大变化情况的，取消复核资格，或直接取消公告或认定。

第十六条　有效期内的创新型中小企业、专精特新中小企业和专精特新"小巨人"企业，如发生重大安全（含网络安全、数据安全）、质量、环境污染等事故，或严重失信、偷漏税等违法违规行为，或被发现存在数据造假等情形，直接取消公告或认定，且至少三年内不得再次申报。

第十七条　任何组织和个人可针对创新型中小企业、专精特新中小企业和专精特新"小巨人"企业相关信息真实性、准确性等方面存在的问题，向相应中小企业主管部门实名举报，并提供佐证材料和联系方式。对受理的举报内容，相应中小企业主管部门应及时向被举报企业核实，被举报企业未按要求回复或经核实确认该企业存在弄虚作假行为的，视情节轻重要求企业进行整改，或直接取消公告或认定。

第四章　培育扶持

第十八条　中小企业主管部门应针对本地区不同发展阶段、不同类型中小企业的特点和需求，建立优质中小企业梯度培育体系，制定分层分类的专项扶持政策，加大服务力度，维护企业合法权益，不断优化中小企业发展环境，激发涌现一大批专精特新企业。

第十九条　中小企业主管部门应发挥促进中小企业发展工作协调机制作用，加强部门协同、上下联动，形成工作合力。

统筹运用财税、金融、技术、产业、人才、用地、用能等政策工具持续支持优质中小企业发展，提高政策精准性和有效性。

第二十条　中小企业主管部门应着力构建政府公共服务、市场化服务、公益性服务协同促进的服务体系，通过搭建创新成果对接、大中小企业融通创新、创新创业大赛、供需对接等平台，汇聚服务资源，创新服务方式，为中小企业提供全周期、全方位、多层次的服务。通过普惠服务与精准服务相结合，着力提升服务的广度、深度、精准度和响应速度，增强企业获得感。

第二十一条　中小企业主管部门和各类中小企业服务机构应加强指导和服务，促进中小企业提升公司治理、精细管理和合规管理水平，防范各类风险，推动持续健康发展，切实发挥优质中小企业示范作用。在评价、认定和服务过程中应注重对企业商业秘密的保护，在宣传报道、考察交流前，应征得企业同意。

第五章　附则

第二十二条　本办法由工业和信息化部负责解释。

第二十三条 本办法自 2022 年 8 月 1 日起实施。8 月 1 日前已被省级中小企业主管部门认定的专精特新中小企业和已被工业和信息化部认定的专精特新"小巨人"企业，继续有效。有效期（最长不超过 3 年）到期后自动失效，复核时按本办法执行。

附件：1. 创新型中小企业评价标准
       2. 专精特新中小企业认定标准
       3. 专精特新"小巨人"企业认定标准
       4. 部分指标和要求说明

附件1　创新型中小企业评价标准

一、公告条件

评价得分达到 60 分以上（其中创新能力指标得分不低于 20 分、成长性指标及专业化指标得分均不低于 15 分），或满足下列条件之一：

（一）近三年内获得过国家级、省级科技奖励。

（二）获得高新技术企业、国家级技术创新示范企业、知识产权优势企业和知识产权示范企业等荣誉（均为有效期内）。

（三）拥有经认定的省部级以上研发机构。

（四）近三年新增股权融资总额（合格机构投资者的实缴额）500 万元以上。

二、评价指标

评价指标包括创新能力、成长性、专业化三类六个指标，评价结果依分值计算，满分为 100 分。

（一）创新能力指标（满分 40 分）

1. 与企业主导产品相关的有效知识产权数量（满分 20 分）

A. Ⅰ类高价值知识产权 1 项以上（20 分）

B. 自主研发的 Ⅰ类知识产权 1 项以上（15 分）

C. Ⅰ类知识产权 1 项以上（10 分）

D. Ⅱ类知识产权 1 项以上（5 分）

E. 无（0 分）

2. 上年度研发费用总额占营业收入总额比重（满分 20 分）

A. 5%以上（20 分）　　　　B. 3%～5%（15 分）

C. 2%～3%（10 分）　　　　D. 1%～2%（5 分）

E. 1%以下（0 分）

（二）成长性指标（满分 30 分）

3. 上年度主营业务收入增长率（满分 20 分）

A. 15%以上（20 分）　　　　B. 10%～15%（15 分）

C. 5%～10%（10 分）　　　　D. 0～5%（5 分）

E. 0 以下（0 分）

4. 上年度资产负债率（满分 10 分）

A. 55%以下（10 分）　　　　B. 55%～75%（5 分）

C. 75%以上（0 分）

（三）专业化指标（满分 30 分）

5. 主导产品所属领域情况（满分 10 分）

A. 属于《战略性新兴产业分类》（10 分）

B. 属于其他领域（5分）

6. 上年度主营业务收入总额占营业收入总额比重（满分20分）

A. 70%以上（20分）　　　　　B. 60%~70%（15分）

C. 55%~60%（10分）　　　　　D. 50%~55%（5分）

E. 50%以下（0分）

附件 2　专精特新中小企业认定标准

一、认定条件

同时满足以下四项条件即视为满足认定条件：

（一）从事特定细分市场时间达到 2 年以上。

（二）上年度研发费用总额不低于 100 万元，且占营业收入总额比重不低于 3%。

（三）上年度营业收入总额在 1000 万元以上，或上年度营业收入总额在 1000 万元以下，但近 2 年新增股权融资总额（合格机构投资者的实缴额）达到 2000 万元以上。

（四）评价得分达到 60 分以上或满足下列条件之一：

1. 近三年获得过省级科技奖励，并在获奖单位中排名前三；或获得国家级科技奖励，并在获奖单位中排名前五。

2. 近两年研发费用总额均值在 1000 万元以上。

3. 近两年新增股权融资总额（合格机构投资者的实缴额）6000 万元以上。

4. 近三年进入"创客中国"中小企业创新创业大赛全国 500 强企业组名单。

二、评价指标

评价指标包括专业化、精细化、特色化和创新能力四类十三个指标，评价结果依分值计算，满分为 100 分。

（一）专业化指标（满分 25 分）

1. 上年度主营业务收入总额占营业收入总额比重（满分 5 分）

A. 80%以上（5 分）　　　　　B. 70%~80%（3 分）

C. 60%~70%（1 分）　　　　　D. 60%以下（0 分）

2. 近 2 年主营业务收入平均增长率（满分 10 分）

A. 10%以上（10 分）　　　　　B. 8%~10%（8 分）

C. 6%~8%（6 分）　　　　　　D. 4%~6%（4 分）

E. 0~4%（2 分）　　　　　　　F. 0 以下（0 分）

3. 从事特定细分市场年限（满分 5 分）

每满 2 年得 1 分，最高不超过 5 分。

4. 主导产品所属领域情况（满分 5 分）

A. 在产业链供应链关键环节及关键领域"补短板""锻长板""填空白"取得实际成效（5 分）

B. 属于工业"六基"领域、中华老字号名录或企业主导产品服务关键产业链重点龙头企业（3 分）

C. 不属于以上情况（0 分）

（二）精细化指标（满分 25 分）

5. 数字化水平（满分 5 分）

A. 三级以上（5 分）

B. 二级（3 分）

C. 一级（0 分）

6. 质量管理水平（每满足一项加 3 分，最高不超过 5 分）

A. 获得省级以上质量奖荣誉

B. 建立质量管理体系，获得 ISO 9001 等质量管理体系认证证书

C. 拥有自主品牌

D. 参与制修订标准

7. 上年度净利润率（满分 10 分）

A. 10% 以上（10 分）　　　　　B. 8%~10%（8 分）

C. 6%~8%（6 分）　　　　　　D. 4%~6%（4 分）

E. 2%~4%（2 分）　　　　　　F. 2% 以下（0 分）

8. 上年度资产负债率（满分 5 分）

A. 50% 以下（5 分）　　　　　B. 50%~60%（3 分）

C. 60%~70%（1 分）　　　　　D. 70% 以上（0 分）

（三）特色化指标（满分 15 分）

9. 地方特色指标。由省级中小企业主管部门结合本地产业状况和中小企业发展实际自主设定 1~3 个指标进行评价（满分 15 分）

（四）创新能力指标（满分 35 分）

10. 与企业主导产品相关的有效知识产权数量（满分 10 分）

A. Ⅰ类高价值知识产权 1 项以上（10 分）

B. 自主研发Ⅰ类知识产权 1 项以上（8 分）

C. Ⅰ类知识产权 1 项以上（6 分）

D. Ⅱ类知识产权 1 项以上（2 分）

E. 无（0 分）

11. 上年度研发费用投入（满分 10 分）

A. 研发费用总额 500 万元以上或研发费用总额占营业收入总额比重在 10% 以上（10 分）

B. 研发费用总额 400 万~500 万元或研发费用总额占营业收入总额比重在 8%~10%（8 分）

C. 研发费用总额 300 万~400 万元或研发费用总额占营业收入总额比重在 6%~8%（6 分）

D. 研发费用总额 200 万~300 万元或研发费用总额占营业收入总额比重在 4%~6%（4 分）

E. 研发费用总额 100 万~200 万元或研发费用总额占营业收入总额比重在 3%~4%（2 分）

F. 不属于以上情况（0 分）

12. 上年度研发人员占比（满分 5 分）

A. 20% 以上（5 分）　　　　B. 10%~20%（3 分）

C. 5%~10%（1 分）　　　　D. 5% 以下（0 分）

13. 建立研发机构级别（满分 10 分）

A. 国家级（10 分）　　　　B. 省级（8 分）

C. 市级（4 分）　　　　　　D. 市级以下（2 分）

E. 未建立研发机构（0 分）

附件3 专精特新"小巨人"企业认定标准

专精特新"小巨人"企业认定需同时满足专、精、特、新、链、品六个方面指标。

一、专业化指标

坚持专业化发展道路，长期专注并深耕于产业链某一环节或某一产品。截至上年末，企业从事特定细分市场时间达到 3 年以上，主营业务收入总额占营业收入总额比重不低于 70%，近 2 年主营业务收入平均增长率不低于 5%。

二、精细化指标

重视并实施长期发展战略，公司治理规范、信誉良好、社会责任感强，生产技术、工艺及产品质量性能国内领先，注重数字化、绿色化发展，在研发设计、生产制造、供应链管理等环节，至少 1 项核心业务采用信息系统支撑。取得相关管理体系认证，或产品通过发达国家和地区产品认证（国际标准协会行业认证）。截至上年末，企业资产负债率不高于 70%。

三、特色化指标

技术和产品有自身独特优势，主导产品在全国细分市场占有率达到 10% 以上，且享有较高知名度和影响力。拥有直接面向市场并具有竞争优势的自主品牌。

四、创新能力指标

创新能力指标是需要满足一般性条件或创新直通条件。

（一）一般性条件。需同时满足以下三项：

1. 上年度营业收入总额在 1 亿元以上的企业，近 2 年研发费用总额占营业收入总额比重均不低于 3%；上年度营业收入总额在 5000 万~1 亿元的企业，近 2 年研发费用总额占营业收入总额比重均不低于 6%；上年度营业收入总额在 5000 万元以下的企业，同时满足近 2 年新增股权融资总额（合格机构投资者的实缴额）8000 万元以上，且研发费用总额 3000 万元以上、研发人员占企业职工总数比重 50% 以上。

2. 自建或与高等院校、科研机构联合建立研发机构，设立技术研究院、企业技术中心、企业工程中心、院士专家工作站、博士后工作站等。

3. 拥有 2 项以上与主导产品相关的 Ⅰ 类知识产权，且实际应用并已产生经济效益。

（二）创新直通条件。满足以下一项即可：

1. 近三年获得国家级科技奖励，并在获奖单位中排名前三。

2. 近三年进入"创客中国"中小企业创新创业大赛全国 50 强企业组名单。

五、产业链配套指标

位于产业链关键环节，围绕重点产业链实现关键基础技术和产品的产业化应用，发挥"补短板""锻长板""填空白"等重要作用。

六、主导产品所属领域指标

主导产品原则上属于以下重点领域：从事细分产品市场属于制造业核心基础零部件、

元器件、关键软件、先进基础工艺、关键基础材料和产业技术基础；或符合制造强国战略十大重点产业领域；或属于网络强国建设的信息基础设施、关键核心技术、网络安全、数据安全领域等产品。

附件4 部分指标和要求说明

（一）指标中如对期限无特殊说明，一般使用企业近1年的年度数据，具体定义为：指企业上一完整会计年度，以企业上一年度审计报告期末数为准。对存在子公司或母公司的企业，按财政部印发的《企业会计准则》有关规定执行。

（二）所称拥有自主品牌是指主营业务产品或服务具有自主知识产权，且符合下列条件之一：

1. 产品或服务品牌已经国家知识产权局商标局正式注册。

2. 产品或服务已经实现收入。

（三）所称"Ⅰ类知识产权"包括发明专利（含国防专利）、植物新品种、国家级农作物品种、国家新药、国家一级中药保护品种、集成电路布图设计专有权（均不包含转让未满1年的知识产权）。

（四）所称"Ⅰ类高价值知识产权"须符合以下条件之一：

1. 在海外有同族专利权的发明专利或在海外取得收入的其他Ⅰ类知识产权，其中专利限G20成员、新加坡以及欧洲专利局经实质审查后获得授权的发明专利。

2. 维持年限超过10年的Ⅰ类知识产权。

3. 实现较高质押融资金额的Ⅰ类知识产权。

4. 获得国家科学技术奖或中国专利奖的Ⅰ类知识产权。

（五）所称"Ⅱ类知识产权"包括与主导产品相关的软件著作权（不含商标）、授权后维持超过2年的实用新型专利或外观设计专利（均不包含转让未满1年的知识产权）。

（六）所称"企业数字化转型水平"是指在优质中小企业梯度培育平台完成数字化水平免费自测，具体自测网址、相关标准等事宜，另行明确。

（七）所称"重大安全（含网络安全、数据安全）、质量、环境污染等事故"是指产品安全、生产安全、工程质量安全、环境保护、网络安全等各级监管部门，依据《中华人民共和国安全生产法》《中华人民共和国环境保护法》《生产安全事故报告和调查处理条例》《中华人民共和国网络安全法》《中华人民共和国数据安全法》等法律法规，最高人民法院、最高人民检察院司法解释，部门规章以及地方性法规等出具的判定意见。

（八）所称"股权融资"是指公司股东稀释部分公司股权给投资人，以增资扩股（出让股权不超过30%）的方式引进新的股东，从而取得公司融资的方式。

（九）所称"合格机构投资者"是指符合《创业投资企业管理暂行办法》（国家发展改革委等10部门令第39号）或者《私募投资基金监督管理暂行办法》（证监会令第105号）相关规定，按照上述规定完成备案且规范运作的创业投资基金及私募股权投资基金。

（十）所称"主导产品"是指企业核心技术在产品中发挥重要作用，且产品收入之和占企业同期营业收入比重超过50%。

（十一）所称"主导产品在全国细分市场占有率达10%以上，且享有较高知名度和影响力"可通过企业自证或其他方式佐证。

（十二）所称"省级科技奖励"包括各省、自治区、直辖市科学技术奖的一、二、三等奖；"国家级科技奖励"包括国家科学技术进步奖、国家自然科学奖、国家技术发明奖以及国防科技奖。

（十三）如无特殊说明，所称"以上""以下"，包括本数；所称的"超过"，不包括本数。在计算评价指标得分时，如指标值位于两个评分区间边界上，按高分计算得分。

（十四）本办法部分指标计算公式

近2年主营业务收入平均增长率＝（企业上一年度主营业务收入增长率＋企业上上年度主营业务收入增长率）/2。

企业上一年度主营业务收入增长率＝（企业上一年度主营业务收入总额－企业上上年度主营业务收入总额）/企业上上年度主营业务收入总额×100%。其他年度主营业务收入增长率计算方法以此类推。

（十五）所称"被列入经营异常名录"以国家企业信用信息公示系统（http://www.gsxt.gov.cn）查询结果为准；所称"严重失信主体名单"以信用中国（http://www.creditchina.gov.cn）查询结果为准。

（十六）所称"创客中国"中小企业创新创业大赛全国500强、50强企业组名单是指该大赛2021年以来正式发布的名单。

附录五

关于知识产权助力专精特新中小企业
创新发展的若干措施

（国家知识产权局、工业和信息化部，国知发运字〔2022〕38号）

为深入贯彻习近平总书记关于"着力在推动企业创新上下功夫，加强产权保护，激发涌现更多专精特新中小企业"的重要指示精神，全面落实党中央、国务院支持专精特新中小企业发展的决策部署，扎实推进中共中央、国务院印发的《知识产权强国建设纲要（2021—2035年）》和国务院印发的《"十四五"国家知识产权保护和运用规划》，工业和信息化部等19部门印发的《"十四五"促进中小企业发展规划》，以及国务院促进中小企业发展工作领导小组办公室印发的《为专精特新中小企业办实事清单》，深化实施中小企业知识产权战略推进工程，助力专精特新中小企业创新发展，推动更多中小企业走好专精特新发展之路，特制定以下措施。

一、提升知识产权创造水平，增强企业创新能力

（一）助力企业知识产权创造提质增效

充分发挥专利、商标审查绿色通道作用，支持专精特新中小企业新技术、新产品高效获取知识产权保护。各地方知识产权管理部门要积极支持专精特新中小企业享受专利优先审查政策，对专精特新"小巨人"企业符合条件的专利优先审查请求予以优先推荐。面向本地区专精特新等中小企业，每年开展不少于一次的知识产权申请专项辅导，宣传介绍专利集中审查、专利审查高速路、商标优先审查等政策，引导和支持企业在海内外形成更多技术含量高、市场前景好、竞争力强的知识产权。

（二）推动知识产权管理融入企业创新全过程

对标世界先进企业管理模式，推广实施《创新管理—知识产权管理指南（ISO 56005）》国际标准，进一步完善全国知识管理标准化技术委员会标准推广应用综合服务平台，为各类创新主体提供国际标准宣贯解读、课程培训、能力测评、案例分享等综合服务，面向全国遴选一批专精特新"小巨人"企业率先开展国际标准实施试点，推动知识产权管理融入企业创新全过程，加快培育单项冠军企业和领航企业。各地方知识产权管理部门、工业和信息化主管部门要组织专精特新中小企业，通过标准推广应用综合服务平台开展知识产权和创新能力分级测评、学习提升，运用标准化手段持续提高创新能力和效率。

（三）加快构建中小企业专利导航服务机制

加快建设国家专利导航综合服务平台，面向专精特新中小企业提供课程培训、成果共享、智能化应用工具等综合服务，满足企业专利导航实务需求。各地方知识产权管理部门要重点面向中小企业特色产业集群、知识产权试点示范园区等，布局建设一批专利导航服务基地，充分运用国家专利导航综合服务平台功能，加强与地方工业和信息化主管部门等产业部门协同，围绕区域重点产业领域规划部署，聚焦关键核心技术攻关等重大项目开展专利导航，强化产业发展方向、定位、路径分析，为专精特新中小企业创新发展提供决策参考，助力企业做好知识产权风险防控，优化专利布局，有效支撑企业经营发展。

二、促进知识产权高效运用，提高企业核心竞争力

（一）支持企业获取和实施优质专利技术

各地方知识产权管理部门、工业和信息化主管部门要深入推进专利开放许可试点工作，通过地方中小企业公共服务平台发布开放许可专利信息，面向专精特新等中小企业举办高校院所与企业对接活动，做好许可使用费定价指导、许可后产业化配套服务。国家知识产权运营服务体系建设重点城市、产业知识产权运营中心、产业技术基础公共服务平台等要深度挖掘专精特新等中小企业需求，建设区域、行业的技术需求库，加快建立专利常态化供需对接机制，促进企业精准获取、高效实施专利技术。

（二）促进提升企业主营业务的知识产权贡献度

加快完善国家专利密集型产品备案认定试点平台，加大各级各类产业政策、知识产权政策等对专利密集型产品的扶持力度。各地方知识产权管理部门、工业和信息化主管部门要加快推进专利密集型产品备案工作，引导和支持专精特新等中小企业符合条件的主导产品通过试点平台备案认定，推动专精特新企业成为专利密集型产业发展的主力军。

（三）增强知识产权金融服务效能

针对专精特新中小企业特点，支持开发知识产权被侵权保险、执行保险、海外侵权责任保险、质押融资保证保险等产品，有效降低企业创新风险。各地方知识产权管理部门要会同相关部门，深入实施知识产权质押融资入园惠企专项行动，充分发挥风险投资等各类投资机构作用，组织专精特新专场对接活动，实现专精特新中小企业知识产权投融资需求全覆盖。组织编制专利评估指引国家标准，持续发布国民经济各行业专利许可费数据，促进形成知识产权价格发现机制，为专精特新中小企业知识产权融资服务提供支撑。

（四）实施品牌价值提升计划

以专精特新中小企业等为主体，组织上千家企业率先开展试点，引导企业发挥商标与专利的组合效应，提升品牌附加值和市场竞争力。开展"百城百品"区域品牌建设，支持各地充分运用集体商标、证明商标制度，依托有条件的中小企业特色产业集群、先进制造

业集群等培育制造业、服务业和新型农业等特色区域品牌。各地方知识产权管理部门要加强商标品牌指导站的规范管理和能力建设，面向专精特新中小企业提供专业化服务，创建一批中小企业商标品牌建设指导服务样板。

三、加强知识产权保护，护航企业创新发展

（一）加强知识产权快速协同保护

各地方知识产权管理部门和工业和信息化主管部门要加强信息沟通，共享辖区内专精特新中小企业和"小巨人"企业相关信息，做好专精特新等中小企业知识产权保护需求和案件线索信息收集，加大涉及专精特新等中小企业专利侵权纠纷行政裁决办案力度，推动知识产权快速协同保护。

（二）强化企业知识产权维权援助

各地方知识产权管理部门要积极创新工作模式，推动维权援助工作体系向基层延伸，探索开展专精特新等中小企业知识产权维权援助专项行动。推动建立健全知识产权海外维权互助机制，鼓励企业和相关机构设立知识产权海外维权互助基金，加大对专精特新中小企业海外知识产权维权援助力度，助力企业"走出去"。

四、强化知识产权服务保障，提升助企惠企实效

（一）提升知识产权信息服务与传播利用水平

持续扩大知识产权基础数据开放共享范围，优化共享渠道和方式，加快对知识产权信息化服务系统的整合、优化、升级，充分发挥知识产权公共服务网"一网通办"功能，为专精特新中小企业提供信息查询、检索、分析等一站式服务，满足企业获取知识产权信息服务的需求。各地方知识产权管理部门和工业和信息化主管部门要引导知识产权信息公共服务机构综合运用线上线下等手段，向中小企业提供免费或低成本的差异化、特色化服务，遴选推广面向中小企业的信息服务优秀案例。要加大对国家知识产权公共服务网、专利检索及分析系统等公共服务资源的宣传推广力度，围绕重点产业和新兴技术领域建设专业化公共服务平台和专题数据库，提升中小企业知识产权信息获取的便利度和可及性。

（二）强化知识产权服务精准供给

推进实施知识产权代理信用评价管理，完善并推广全国专利商标代理公共服务平台微信小程序，面向专精特新等中小企业加大服务机构评价信息推送力度，助力企业更好选择优质代理机构。深入推进工业中小企业知识产权运用试点培育工作，开展"制造业知识产权大课堂"等系列活动，鼓励专业机构为提升专精特新中小企业运用能力提供优质服务。各地方知识产权管理部门要深入开展"知识产权服务万里行"系列活动，对接中小企业服务需求，组建知识产权专家团，提供专业支撑服务。各地方工业和信息化主管部门要将知识产权服务平台列入中小企业公共服务示范平台培育对象。

（三）加强企业知识产权人才保障

加快推进专精特新等中小企业知识产权经理人队伍建设，探索建立企业知识产权专业人才分级分类评价和培养机制。各地方知识产权管理部门要加大知识产权职称的宣传力度，支持专精特新中小企业组织知识产权人才参评知识产权职称并开展聘任工作，增强企业知识产权人才的现实保障和职业归属感。

（四）加大知识产权资金支持力度

各地方工业和信息化主管部门、知识产权管理部门要充分运用中小企业发展专项资金、专精特新奖补资金、知识产权相关资金等，为落实知识产权助力专精特新中小企业创新发展的各项措施提供支持，将各类知识产权服务纳入地方服务券、创新券产品名录，重点惠及各级优质中小企业。

五、加大协同推进力度，确保措施落地见效

（一）加强部门协同

国家知识产权局和工业和信息化部将进一步加大专精特新中小企业知识产权工作协同推进力度，加强资源衔接共享，强化政策协调联动，联合开展督促指导，推动各项措施扎实落地。

（二）强化推进落实

各地方知识产权管理部门和工业和信息化主管部门要加强协作，结合工作实际，通过联合出台政策、制定计划、开展试点等方式，建立需求对接、信息共享等机制，压紧压实工作责任，确保知识产权助力专精特新中小企业创新发展工作取得实效。

（三）强化考核激励

各地方知识产权管理部门和工业和信息化主管部门要及时总结上报措施落实情况和工作开展成效。国家知识产权局、工业和信息化部将定期开展绩效评价，评价结果将作为国家相关督查激励、优质中小企业梯度培育、知识产权强国建设试点示范、国家小型微型企业创业创新示范基地认定等工作的重要依据。

附录六

高新技术和专精特新企业
跨境融资便利化试点业务指引（试行）

（国家外汇管理局，汇发〔2022〕16 号）

第一条　在国家外汇管理局确定的试点区域内（以下简称试点地区），符合条件的高新技术企业和专精特新企业（以下简称试点企业）可按照本指引参加跨境融资便利化试点业务，在一定额度内自主借用外债（以下简称试点业务）。

第二条　本指引所称高新技术企业是指经国家或地方相关部门认证的具有知识产权、技术或工艺先进、市场前景良好、净资产规模较小的创新型企业；专精特新企业是指经国家或地方相关部门认证的具有"专业化、精细化、特色化、新颖化"特征的企业。

第三条　试点企业应符合以下条件：

（一）注册在试点区域、成立时间一年（含）以上且存在实际经营活动的非金融企业（房地产企业、地方政府融资平台企业除外）。

（二）获得国家或地方相关部门认证的高新技术或专精特新企业。

（三）如为货物贸易外汇收支名录内企业，其货物贸易外汇管理分类结果应为 A 类。

（四）近两年无外汇行政处罚记录（成立不满两年的，自成立之日起无外汇行政处罚记录）。试点企业参与试点业务中不再符合上述条件的，则不得再开展试点业务。

第四条　试点企业申请参与试点业务，应在办理外债签约登记时向所在地外汇局提交以下材料：

（一）申请书（含企业基本情况、自身资产负债情况、拟申请的试点业务额度、外债资金使用计划、近两年无外汇行政处罚记录的情况说明、外债还款资金来源说明等）。

（二）营业执照复印件。

（三）国家或地方相关部门认证为高新技术或专精特新企业的证明材料原件和复印件。

（四）借款意向书或借款合同原件及其主要条款复印件。文本为外文的，应另附主要条款的中文译本。

（五）上一年度或最近一期经审计的财务报告原件和复印件。

以上材料原件验收后返还，复印件加盖企业公章由所在地外汇局留存。

第五条　国家外汇管理局依法确定试点企业试点业务额度上限，所在地外汇局在额度上限内按实需原则确定试点企业试点业务额度。

对于发展前景较好、属于国家重点支持行业和领域的试点企业，实际融资需求确需超出额度上限的，所在地外汇分局、外汇管理部经集体审议可以作出决定。

试点企业参与试点业务借用外债，在签约登记后一年内未实际发生提款的，所在地外汇局可将该笔外债签约登记注销。试点企业需再次申请参与试点的，可按照本指引规定重新申请。

第六条　参与试点业务的试点企业，不再适用全口径跨境融资宏观审慎及外债"投注差"管理规定。试点企业在参与试点业务前已借用尚未偿还的外债余额，占用试点业务额度。

第七条　试点企业参与试点业务借用的外债，原则上应调回境内并在经营范围内使用，遵循以下要求：

（一）不得直接或间接用于国家法律法规禁止的支出。

（二）不得直接或间接用于证券投资。

（三）不得用于向非关联企业发放贷款，经营范围明确许可的情形除外。

（四）不得直接或间接用于建设、购买非自用房地产或向房地产企业、地方政府融资平台企业提供投融资。

适用《国家外汇管理局关于在上海自由贸易试验区临港新片区等部分区域开展跨境贸易投资高水平开放试点的通知》（汇发〔2021〕35号，以下简称35号文件）规定的企业，其外债资金使用范围仍按照35号文件执行。

第八条　所在地外汇局应密切跟踪监测试点业务开展情况，依法对试点企业进行监督管理，防范跨境资金流动风险。

第九条　国家外汇管理局可根据国家宏观调控政策、外汇收支形势及试点业务开展情况，对试点地区范围、试点企业范围、试点业务额度上限等依法进行调整。

第十条　试点企业未按本指引办理试点业务的，外汇局可根据《中华人民共和国外汇管理条例》进行处罚。

第十一条　本指引由国家外汇管理局负责解释。

第十二条　本指引自印发之日起实施。本指引未明确事项，依照现行外债管理相关规定执行。